JN196946

《人気の仏様たち　徹底ガイド》

阿弥陀・薬師・観音・不動

大法輪閣編集部〔編〕

大法輪閣

南無薬師瑠璃光如来

南無阿弥陀仏

南無大日大聖不動明王

南無観世音菩薩

◆目次◆

第三章

観音菩薩　早わかりガイド

第四章 不動明王 早わかりガイド……217

●カバーイラスト……悟東あすか画「阿弥陀如来・薬師如来・観音菩薩・不動明王」。
また本文1頁目、各章扉、各項冒頭のイラストも悟東あすか画。
●装幀……鎌内 文

第一章

阿弥陀如来（あみだにょらい） 早わかりガイド

南無阿弥陀仏

阿弥陀如来とは？

龍谷大学大学院特任教授
葛野洋明

▼はじめに

阿弥陀如来は、「あみださま」と、多くの方に親しまれています。いったい阿弥陀如来とはどのような仏さまなのでしょうか。

阿弥陀如来の救いが顕らかに説かれた「浄土三部経」を礎にして窺ってみましょう。筆者は浄土真宗の念仏者ですので、親鸞聖人が顕らかにされた視点をもって阿弥陀如来の概要を窺ってみます。

▼悟りの現れ

仏教は迷いを転じて悟りを開く教えです。
しかし、悟りは色もなく形もなく、迷いの私たちには思うことも、理解することもできません。悟りは悟りを知る由（よし）もない迷いの私たちに、悟らしめようとはたらきかけています。悟りそのものが、私のために現れ出（い）でたのが阿弥陀如来であり、浄土です。

▼「経典」に説かれた阿弥陀如来

この世に生まれ、悟りを開き仏となった釈尊が、悟りのはたらきを、様々に説いたのが経典です。その経典のなかに、阿弥陀如来が説かれています。

『仏説無量寿経（ぶっせつむりょうじゅきょう）（大経（だいきょう））』には、阿弥陀如来がどのようにして阿弥陀如来と成ったのかという物語が述べられます。そのストーリーとは、「ある国の国王が、すばらしい仏の説教を聞いて、自らも悟りを開いて仏になろうと、悟りを求める心を発（おこ）し、法蔵菩薩（ほうぞうぼさつ）と名告（なの）られました。あらゆる世界を見通して、誰一人漏らすことなく悟りを開かせる仏に成ろうと誓いを建てます。五劫（ごこう）という長い間、考えに考えを重ねて、ついにあらゆるいのちある者を悟りに至らせることのできる

「浄土」を用意し、その浄土に往き生まれさせると、四十八の願いを発します。さらに想像を絶する長い時間、法蔵菩薩が修行を積み、ついにもともと発した願い、根本の願い「本願」を成就して、阿弥陀如来と成りました。それがいまから十劫という遠い昔のことです」と説かれています。

この物語を、単なる物語と受け取ってしまっては、阿弥陀如来を物語のなかの架空の存在と、誤って捉えることとなります。

悟りを知る由もない迷いの私に、悟りのはたらきを知らせるためには、迷いの私に聞き受けることができるよう、私の人生と重ねて受け取れるように説かれたのです。

まるで、私たちが願いを発して、努力して物事を成し遂げたのと同じようなストーリーで説かれているのは、迷いの私に、阿弥陀如来は確かに仏と成って、いまこの私に悟らしめようというはたらきが届いていることを知らせるための物語でした。「お浄土に阿弥陀さまがいてくださる」と説かれたのも、まさに世界があってそこに人がいるとしか認識できない私のために、わざわざ空間的な表現や人格的な表現をもって説かれたのでした。

これは全部、悟りが迷いの私を悟らしめようというはたらきが、いま私に届いていることを示す釈尊の巧みな説法だったわけです。

ですから「経典」の奥底にある、仏が説こうとされた深い意を聞かせていただかなければ、いつまでたっても阿弥陀如来とは何か、浄土とは何かということが解らずに過ぎてしまうのです。

▼「阿弥陀」という名のいわれ

「阿弥陀」という名には、「光明無量」「寿命無量」という意味があります。阿弥陀如来は、量ることのできない光明をそなえた仏・量ることのできない寿命をそなえた仏に成ろうという誓願を建てました。その誓願に報いて阿弥陀如来と成ったのですから、まさに「光といのちきわみなき仏」と成りました。

ここでいう「光」や「いのち」は単なるまぶしい光や長生きするいのちのことではありません。どこまでも照らし尽くし、いつまでも救い続けるという空間的無限性と時間的無限性をもって、あらゆる者を救うという「智慧」「慈悲」の至り極まった仏と成ったという意味です。

この光明無量・寿命無量、つまり智慧・慈悲の極まりなき仏を、『仏説観無量寿経（観経）』という経典には「摂取不捨（摂め取って捨てない）」という仏であると説かれています。

あらゆる世界のあらゆるいのちある者に、阿弥陀如来の本願の救いを信ぜしめ、その救いのはたらきである「南無阿弥陀仏」を称えせしめ、必ず浄土に往き生まれさせ、この上ない悟りの仏に成らしめるという意味です。

いままで悟りが何かなど、一つも知ることなく、自らが迷いのいのちであることも知らないでいた私に、「その貴方を必ず救う」とはたらきかけてくださっている阿弥陀如来がましますことを知らしめして、二度と見捨てないという、まさに智慧・慈悲の極まりないはたらきを示す言葉でした。

いま悟りからの救いのはたらきが「南無阿弥陀仏」という名と成って、私たちに至り届いてくださっています。この「南無阿弥陀仏」という名のいわれを聞かせていただいた私たちは、阿弥陀如来の救いが届いてくださった安心の上に、念仏を称えることができているのです。

▼阿弥陀如来の浄土

阿弥陀如来の浄土は『仏説阿弥陀経（小経）』に「極楽」と説かれています。そのきらびやかな様子は「青色青光　黄色黄光…（青色には青い光が、黄色には黄色い光が…、浄土に咲く蓮の花は、それぞれの色の光を放ちながら、お互いを照らしあっています）」と説かれています。また苦しみのない世界ですから「極楽」と言うのだとも説かれています。

浄土は悟りの世界です。迷いの世界にいる私たちからは想像もつかない悟りの世界です。ですから、「極楽」というのは私たちの思いで描く楽の極みなどではありません。まして私たちが求める楽をもって浄土を思っても、とても往き生まれることはできません。

浄土は、悟りが迷いの私たちを悟らしめようとはたらきかけている世界です。浄土はこの迷いの私が必ず悟りを開いて仏と成ることのできる世界、そのことを「極楽」と言うのです。

このように阿弥陀如来や浄土を、悟りを基点として聞きうけますと、阿弥陀如来の救い、浄土に往生するという救いは、単に死後の救いだけではないことが顕らかになります。なぜなら、いまここに生きている私に、悟りが悟らしめようとはたらきかけているのであり、それが阿弥陀如来であり浄土なのですから。

浄土は死後に逝く（い）だけの世界。懐（なつ）かしい人に会える世界。私たちの思い悩む苦しみがない世界。それだけではありません。いまここに生きているこの私を、根底から支えているのが、阿弥陀如来であり、浄土なのです。

▼阿弥陀如来の救いに遇（あ）う

阿弥陀如来の本願は、あらゆるいのちある者を、阿弥陀如来の浄土に往き生まれさせようと願われています。それは、迷いのこの私を、必ずこの上ない悟りを開かせ仏に成らしめるという誓いでした。

この世にいのちある限り、自分中心の心でもって、身を煩わせ、心を悩ます「煩悩」を持ち続けるのが、迷いの私たちです。このような私に、迷いのあり方をしていることを知らせ、そのまま生きていくだけなら、またさらに深い苦しみに苛まれて迷い続けていくしかないことを知らせ、同時に、その私を必ず悟らしめ仏に成らしめるという、救いのはたらきが届いているのです。

私たちはいま生きています。しかし生まれてきたことを覚えてはいません。また死ぬときのことも確かなことは言えません。始まりも終わりも知らず、どこから来てどこへ行くのかも解らずに、「昨日も元気だったし今日も元気、だから明日もきっと元気だろう」と何の根拠もない自信をもって生きています。

毎日を一生懸命に生きている。しかしその人生の意味は何も知らないで、ただ闇雲に一生懸命に生きている。

仏教でいう迷いとは、まさにこのように生きている私のことを指しているのです。

自分自身が迷っていることも知らず、ただ生まれて、ただ生きていく。自分勝手な思いを中心にして生きていくことは、他者を傷つけ、自らも傷つけて、ただただ迷いを深めていく以外の何ものでもありません。

精一杯に生きて、周りから羨望のまなざしで見られるような人生であっても、その終わりにも、その先にも何の解決も持たずに人生を歩んでいるのです。「こんなはずじゃあなかったのに…」と惨めな思いをもって最期を迎えるのです。

迷いを深め、苦しみを深めるしか意味がなく、どこに行くかも解らなかったいのちに、必ず悟りを開き仏に成るという、すばらしい意味を与え、死んでいくとしか思えないいのちに、浄土に生まれることができると、一八〇度方向を変えさせるのが、阿弥陀如来であり浄土でした。

悟りは、悟りを知る由もない迷いの私たちに、悟らしめようとはたらきかけている。その悟りそのものである、阿弥陀如来、浄土を受け入れることのできた人は、限りあるいのち・やがてまもなく終えていくいのちに、何ものにも揺るがされることのない、大きな安心が与えられるのです。

阿弥陀如来 よくある質問

真宗大谷派教学研究所所員
武田（たけだ） 未来雄（みきお）

Q. 手のいろいろな形は？

A. 悟りの内容を標示（ひょうじ）する

仏像を見ると、腕や指など手の形がいろんな格好をしていることに気づかされます。そうした仏像の手の形は印相（いんぞう）と言われ、それぞれの形を示すことによって、さとりの内容が標示されていると言われます。

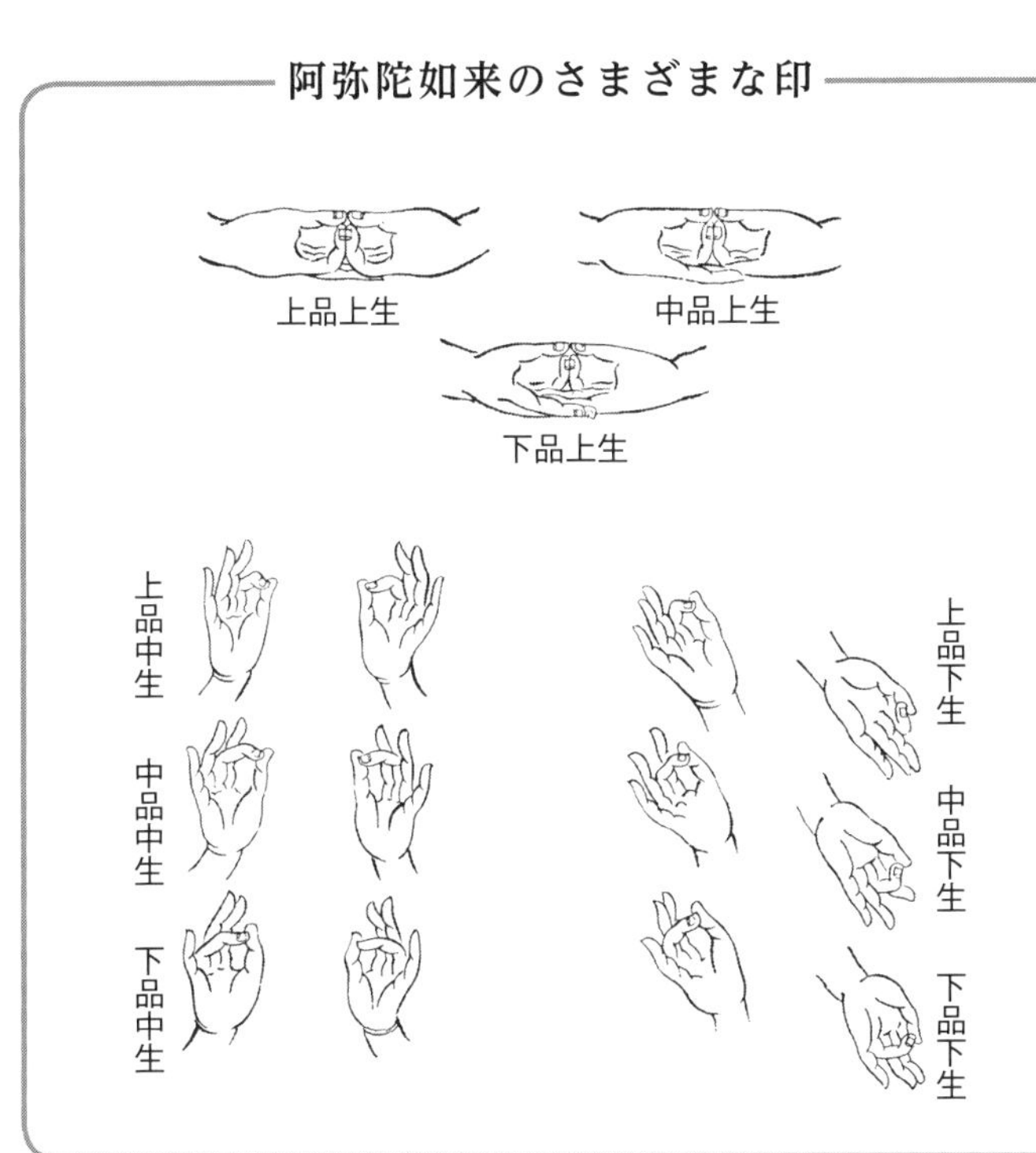

阿弥陀如来の印相には数種類あります。いずれの場合も親指と人差し指（または中指、薬指）で輪を作るのが原則です。坐像で、両手の手のひらを上にして腹前（膝上）で上下に重ね合わせた形で輪を作るのは基本的な形とされ、定印と言います。両手を胸の高さまで上げて輪を作るのは法を説くすがたを表し、転法輪印と言います。右手を上げて左手を下げてともに手の平を前に向けて輪を作るのは、人々を往生させようとするすがたを表すので来迎印と言ったり、あるいは真宗では摂取不捨印と呼ばれています。

また『観無量寿経』には上品上生から下品下生まで九通りの往生が説かれていますが、その往生ごとによって印相を換えて表現するなど、阿弥陀如来の印相には様々なものがあるのです。

Q．人間を九種類に分けるのは差別では？
A．浄土は一つだが、そこに往く人間の実状に違いがある

『観無量寿経』において九通りの往生のあり方が説かれるのは、人間の能力や生きる環境に応じて、それぞれ分けて説かれているのです。決して浄土往生に差別があるわけではないのです。迎えるところの浄土は一つで、平等の世界なのですが、そこに往く人間の求める心にそれぞれの違いがあるのです。

このように人間が分けられるのは、縁によると言われます。縁とは条件ということです。私たちは生まれた環境や、出遇った人など、様々な条件（縁）に左右されて、善悪の行為をしています。

そのように人間は業縁によって生きているので、たまたま現在は上品で生まれるような善行が出来ていても、さるべき業縁のもよおしによって悪事を行ってしまう場合もあるのです。人間

としてはその本質が同じであっても、条件によって善人にもなり、悪人にもなるのです。そのような様々なあり方をする人間の全てを救おうと、その実状に応じて、九通りの往生が示されたのでした。

Q. 両隣にいる仏さまは？

A. 勢至菩薩と観音菩薩です

仏像にはよく、仏単体だけではなく、その両脇にも菩薩などの像を安置し、三体とするものがあります。その三体の仏像は三尊像と喚ばれ、仏のはたらきを補佐する、あるいはそれを象徴する菩薩や、仏の説法を聴聞する対告衆が左右に配置されたりします。

阿弥陀如来の三尊像は、勢至菩薩と観音菩薩です。それぞれ勢至菩薩は智慧を、観音菩薩は慈悲を象徴し、阿弥陀如来の慈悲と智慧のはたらきによって衆生を救済していくことを、それらの菩薩によって表されているのです。

Q. 坐像・立像で何か違いがあるの？

A. 坐像は説法の姿、立像は人々を救済しようとする姿

阿弥陀如来　坐像
（京都・法界寺蔵、国宝）

阿弥陀如来には例えば京都宇治の平等院鳳凰堂本尊や鎌倉の大仏など、坐った形の像がありますが、立ちすがたのものも多くあります。また、阿弥陀如来像には立ちすがたのものも多くあります。

坐像は阿弥陀如来の説法している様子を表していますが、立像は、迷いの中で苦しむ生きとし生けるものを救済しようとするすがたや臨終に迎えにきているすがたを表しています。

『観無量寿経』には第七華座観と呼ばれるところで、人々の苦悩を除

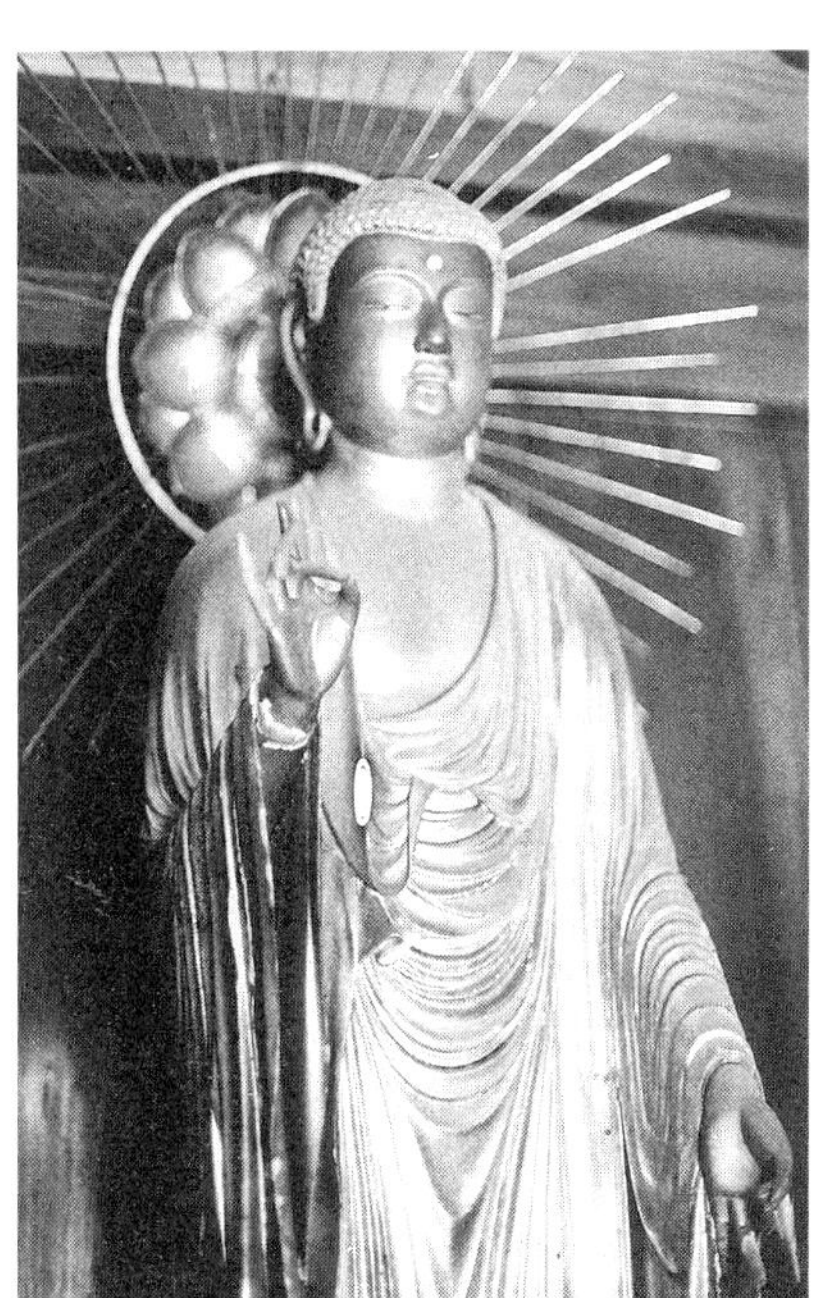

阿弥陀如来　立像
（滋賀・比叡山黒谷青龍寺蔵）

くために、空中に立った阿弥陀如来が表されています。そのことを中国浄土教の高僧である善導大師は「立撮即行」（立ちながらつかみ取り、すばやく行く）と表現しています。それは迷い苦しみ、今にも地獄に堕ちようとしているものを、はやく救い取ろうとするすがたが表されているのです。

Q．背中にあるたくさんの棒は何？

A．阿弥陀如来から放たれる光明を表す

それは光背といわれ、阿弥陀如来から放たれる光明を表しています。『阿弥陀経』というお経

には「阿弥陀如来」の名前の意味について、「かの仏の光明は無量にして、あらゆる方向の世界を照らすのに、なにものにも障げられない」（取意）と説かれています。また『観無量寿経』には「光明はあまねくあらゆる世界を照らす。その光りは念仏する一切の生きとし生けるものを摂め取って捨てない」（取意）と説かれます。

つまり阿弥陀如来の光明は、無明の闇を照らし、私たちを救い取って、浄土に往生させるのです。光背はそのような阿弥陀如来が無量の光明を持つ仏であることを表しているのです。

Q．極楽世界とは？

A．真実の智慧に目覚めさせ、苦楽から解脱させる世界

阿弥陀如来は「極楽」という世界に居ると説かれています。『阿弥陀経』には次のように言われています。

これより西方に、十万億の仏土を過ぎて、世界がある。名づけて極楽という。その土に仏がおられる。阿弥陀と号す。いま現にましまして法をお説きになっておられる。舎利弗よ、かの土を

なぜ極楽と名づけるのか。その国の生きとし生けるものは、もろもろの苦しみがあることなく、ただもろもろの楽を受ける。ゆえに極楽と名づけるのである。

この阿弥陀如来が在(いま)す世界を極楽浄土と言われますが、それは「安楽」といったり、「安養(あんにょう)」とも表現されます。

私たちが日常で経験する楽は、楽であったり苦であったりと、相対的な楽であります。そのような「楽」は常に続きません。どんな快楽な状態であっても、長く続けばそれは飽きてきたり、ついには苦痛にもなります。

極楽は、古くならない楽しみ、衰えない楽しみ、常住の楽しみで、絶対的な楽なのです。楽と苦を超えた「楽」なのです。つまり、極楽の「楽」とは涅槃(ねはん)の楽と言われる、さとりによる楽なのです。

お釈迦様は、一切皆苦(いっさいかいく)（この世のすべては苦である）とお説きになり、また生老病死(しょうろうびょうし)の四苦によって、私たちには決して避けることの出来ない、根本的な苦があることを明らかにされました。そこでお釈迦様はこの苦からの解放を求めて出家し、ついに解脱して、涅槃（さとり）を開かれました。正に阿弥陀如来の浄土における極楽とは、そのような真実の智慧に目覚め、人間の苦楽から解脱した、涅槃の世界を表しているのです。

Q．西方浄土は本当はどこにあるの？

A．実体的に有る無いの話ではなく、真実に浄土を願生する時、そこにある

どれだけロケットを飛ばしていっても、西方十万億仏土の彼方の極楽浄土にはたどり着けません。では、浄土はどこにあるのでしょうか。『観無量寿経』には、韋提希という国王夫人が、阿弥陀如来の浄土に生まれることを願い求めたとき、阿弥陀如来の浄土は「ここを去ること遠からず」と説かれています。

「西方十万億仏土」とは単なる実体的、空間的な距離を言っているのではないのです。それは、私たちの都合やはからいで浄土を求めても、全く及びも付かないことを表しているのです。いわば、浄土はこの世の延長上にあるのではなく、この世と浄土を決定的に分けるもの、それが「西方十万億」の距離であるのです。

西は太陽の沈むところであり、万物の帰するところであります。私たちが向かうべき最終の到

着点を表します。

私たちはどこに向かって生きているのでしょうか。その人生の帰着点として浄土が見出(みいだ)されることが大切なのです。それは、私たちの欲望やはからいで求められるものではありません。むしろそのような心が破れ、阿弥陀如来の一切を平等に救い取ろうと願う本願にすべてをお委(まか)せし、私たちの帰るべき世界として、真実に浄土を願生する時、そこに西方浄土があるのです。

浄土は実体的に有るとか無いとかの話ではなく、自分にとって帰する世界として見出していくことが大切なのです。

Q．阿弥陀如来とお釈迦様とは何がちがうの？

A．お釈迦様は「そこに往け」と教える存在、阿弥陀如来は「こちらに来い」と救う存在

お釈迦様はインドに誕生した、歴史的な仏です。阿弥陀如来は歴史的に存在した仏ではなく、経典の中で説かれた仏です。

お釈迦様はさとりへ通じる道理としての法を、様々に説かれました。その中に、修行が出来ずに、煩悩を持ったまま救われる道として説かれたのが、阿弥陀如来の浄土の教えであります。難しい哲理や論理で法を表すのではなく、誰もが分かりやすいように、さとりの道理や教えを阿弥陀如来という人格と極楽浄土の世界によって示されたのでした。

そうした意味では、お釈迦様は教えを説かれた教主であり、阿弥陀如来は、その教えによって示された救主であるのです。教主は「そこに往け」と教え、勧める存在であり、救主は「こちらに来い」と救おうと呼び、迎えるものです。

Q．己身の弥陀とは？

A．仏や浄土は自己の外に有るのではないとの考え

浄土教の中には、自己自身が弥陀（己身の弥陀）と言ったり、心に浄土がある（唯心の浄土）と説くものもあります。

そもそも仏教は、一切の生きとし生けるものにはみな仏性があり、心の外に別に法（存在）は

ないと説いています。そこで、自己の心の中に内在する清浄な本性の外に仏とか浄土とかが別にあるものではないと領解するのです。

しかし、このような教えでは、自己自身の内に清浄の心がなく、真実の心を絶対に見出せない凡夫は救われなくなります。

そこで、浄土宗や浄土真宗では、己身の弥陀・唯心の浄土を説くのではなく、凡夫を導くために、阿弥陀如来や極楽浄土の相を立てて、願生する方向を指し示す（指方立相）ということを大切にするのです。

Q．念仏は呪文？

A．阿弥陀如来の本願を信じて称える念仏は呪文ではない

何か自分に利益になるようなことや超能力などを得るために特別な言葉を唱えたりする、呪文というものがあります。念仏をそのようなものと誤解されることがあります。

しかし、南無阿弥陀仏には「無量なる光明と寿命をもつ仏（阿弥陀如来）をよりどころとします

（南無・帰命（きみょう））」との意味があります。また南無阿弥陀仏には、煩悩がたくさんあって、どうすることも出来ない者を救おうとの「いわれ」があるのです。念仏は、誰もが、どこに居ても、どんな状態でも、簡単に出来る行として、仏教における数多くある行の中から選び取られた行でありますす。その仏の願いである本願を信じて念仏を行じるのです。だから、魔法のように意味のない言葉を発する呪文とは違うのです。

Q. 死後の仏なら現在の救いは無いのか？
A. 浄土への方向性をもった人生が現在の救い

浄土往生は臨終であるから、結局は浄土の教えは死後の救いであると領解されます。しかし、親鸞聖人は、その浄土往生が決定した現在に、仏に成ることが定まった位（くらい）、すなわち「正定聚（しょうじょうじゅ）の位」に住することが出来ると言われます。

たしかに生きているうちは、煩悩が無くならない、迷いの凡夫のままでありますが、そこに念仏を信ずる心によって、浄土に往生することが明らかに開けてくるのです。

それは浄土への方向性をもった現在なのです。どんな状態であっても空しくして終わらない、生きる意味がもたらされるのです。

そのような人生を歩むことは、現在の救いとなるのではないでしょうか。

日本人と阿弥陀如来

曽根宣雄
大正大学教授

▼阿弥陀仏信仰の日本への伝来と発展

日本に阿弥陀仏信仰が伝来したのは、七世紀初め飛鳥時代のことだと考えられます。聖徳太子（五四七～六二二）が阿弥陀仏信仰を有していたかは意見が分かれるところですが、その妃橘大郎女の願いにより、推古天皇が女官に命じて織らせた天寿国繍帳には「世間虚仮、唯仏是真（世間は虚仮にして、ただ仏のみ真なり）」という語がみられ、この言葉は日本における最初の現世否定思想だといわれています。天寿国については、阿弥陀仏の極楽浄土とみる説、弥勒菩薩の兜率天とみる説などがありますが、後代の純粋な阿弥陀仏信仰というようなものではないものの、極楽浄土であると考えられます。六二三年法隆寺金堂に止利仏師によって制作された釈迦三尊像の光背に「往ひて浄土に登り、早く妙果に昇りたまはむ」と記され、聖徳太子の浄土往生が祈願されていることや現世否定思想から、太子自身に阿弥陀仏信仰を伺うことができます。

その後、六四〇年には、隋に渡って帰国した恵隠が宮中で『無量寿経』の講説を行っています。当初、阿弥陀仏信仰は、それほど盛んではありませんでしたが、阿弥陀仏像や浄土変相図の伝来や作成に伴い、徐々に広まって行きました。白鳳時代（六四五〜七一〇）には、法隆寺の金堂壁画が作成され、壁には阿弥陀浄土図も描かれました（一九四九年焼失）。三論宗の智光（七〇九〜七八一）は、現存しませんが『無量寿経論釈』『観無量寿経疏』『四十八願釈』を記しています。また智光が夢に見て描かせ生涯観じたといわれる「智光曼荼羅」は、現在も伝えられています。

伝教大師最澄が開宗した天台宗では、四種三昧が修せられ、『般舟三昧経』に基づき念仏を称え行道を行う常行三昧が行われるようになりました。最澄の弟子である円仁（七九四〜八六四）は、法照の五会念仏を唐より伝え、それが不断念仏として修せられ「山の念仏」として盛んになって行きました。

▼阿弥陀仏信仰と日本浄土教

日本浄土教の展開を考える上で、外すことができないのが「末法」の問題です。平安中期になると、カタカナ、ひらがなが発明され、多くの文芸作品を生み出しましたが、これは現実社会のあり方や自己の内面を直視させるものでもありました。平安後期になると、疫病の流行や治安の乱れ、僧兵の横行など社会状況が悪化の一途をたどることになり、このような状況の中、仏教者は永承七年（一〇五二）より「末法」時に突入したという認識に至りました。これは正像末の三時思想に基づくものです。「正法」時とは教えとそれに基づく修行がなされ、その結果として得られる証（さとり）が具わっている時代であり、「像法」時とは教えとそれに基づく修行がなされるものの証を得ることができない時代であり、「末法」時とは教えは残っているもののきちんと修行がなされず証も得られない時代のことです。こういった状況の中「末法の時代に相応しい教えは何なのか」という切実な問題が、仏教者に突きつけられることとなり、仏教者の真摯な模索が始まったのです。仏教は、「悟りの仏教」と「救いの仏教」に大別されますが、末法を踏まえて注目されたのは、「阿弥陀仏による救いの仏教」だったのです。

日本浄土教の祖といわれる源信（九四二～一〇一七）は、その著『往生要集』の冒頭で「それ往生極楽の教行は、「濁世末代の目足なり」と述べているように、末法の到来を見据えた上で、念仏に関する教えを諸経論から集め整理し、同書を記しました。『往生要集』は全体で十章から構成されていますが、迷いの世界（特に地獄）を詳細に描写し、罪悪の報いの恐ろしさや人間の凡夫性を自覚させ、その上で永遠不変なる極楽浄土を説き阿弥陀仏の救いとしての来迎を説きました。こういった説き方は、多くの人々に浄土願生の思いを生じさせるものであったのです。源信は、称名念仏行を説いていますが、中心となるのは極楽浄土や阿弥陀仏を思い浮かべる観想念仏です。つまり、観想念仏を功徳の勝れた教えとし、それができないのであれば称名念仏を修せよということでありますから、源信の教えは「観勝称劣」という言葉で説明されます。九八六年には、比叡山横川の僧侶二十五名が首楞厳院に集まって「二十五三昧会」が結成されました。これは、毎月念仏三昧を修すると共に仲間が臨終を迎えた際に、皆で助けて念仏を称え本人にも称えさせ、極楽往生させることを目的とするものでした。この「二十五三昧会」の規則は慶滋保胤（九三三頃～一〇〇二）と源信によってまとめられました。そこには、「臨終行儀」という看取りの儀式が説かれています。そして、源信は「臨終の一念は百年の業に勝る」として臨終行儀を重視しました。

密教浄土教として注目されるのは、新義真言宗の祖である覚鑁（一〇九五～一一四三）です。覚鑁は、浄土教を真言教学においてどう捉えるのか（密浄融合）を理論的に説明し、密教浄土教を提示しました。法身大日如来の世界である密厳浄土は、十方の浄土を包摂する世界であるとし、極楽浄土の救済者である阿弥陀仏は、本地法身である大日如来の用（救済の働き）であるとしました。

南都浄土教では永観（一〇三三～一一一一）と珍海（一〇九一～一一五二）が登場しました。永観は三論宗の僧侶でしたが、『往生十因』『往生講式』を著して、観想念仏よりも称名念仏を勧めました。永観は「一心に阿弥陀仏を称すれば、法身同体の故に必ず往生を得」「仏と衆生と同体無異なり」というように、法身同体や同体無異を根拠にして称名念仏による定心を強調しました。珍海も三論宗の僧侶であり、『菩提心集』『決定往生集』を著し、称名念仏こそが「正中の正（三昧を得るための行）」であるとしました。珍海は、称名念仏を重視しながらも念仏と諸行の併修を説いています。

この他、民衆の中に念仏を広めた人物としては、空也（九〇三～九七二）と良忍（一〇七二～一一三二）がいます。空也の浄土教は教義的な側面よりも、口称念仏に主眼があり、全国を行脚し念仏を称え民衆を教化しました。良忍は、比叡山において天台と密教を学んだ後に大原に隠遁し、その際、阿弥陀仏より示現を受け、「一人の念仏がすべての人の念仏に通じる」という融通念仏を創始しています。

▼浄土系諸宗派の展開

その後、鎌倉時代に入り、鎌倉新仏教の旗手とも念仏の元祖とも称される法然（一一三三～一二一二）が登場します。法然は、比叡山において修学修行に邁進し、南都六宗や真言宗の教えについても修学しました。しかしながら、それまでの教えによって満足することはできなかったのです。法然は「末法の凡夫」「三学非器」の自覚に立って「我が心に相応する法門」と「此の身に堪能なる修行」を求めました。当初、源信に導かれて浄土教の門を叩いた法然は、ついに唐の善導大師の『観経疏』の「一心に専ら弥陀の名号を念じて行住坐臥に、時節の久近を問わず。念念に捨てざる者、これを正定の業と名づく。かの仏の願に順ずるが故に」の文によって浄土宗を開宗しま

法然像（京都・正林寺蔵）

す。そして、それまで劣った者が行う行とみなされていた称名念仏について明確な教義的裏付けを行いました。

法然は六十六歳の時に『選択集』を撰述し、称名念仏こそが阿弥陀仏の選択本願であり、釈尊が末法の凡夫に付属（与え託すこと）され、諸仏が証誠されている行であることを明らかにしました。また、称名念仏は諸行と比べて最も勝れた功徳があり（勝劣の義）、往生を願う者にとって最も修し易い行である（難易の義）という論理を用いて阿弥陀仏の選択本願を説明しています。南無阿弥陀仏の念仏を称えるだけで、阿弥陀仏によって極楽浄土へ救っていただけるという教えは多くの民衆に広まりました。関白九条兼実や一ノ谷の合戦で有名な熊谷入道直実なども法然の弟子となっています。

法然の門下からは、浄土宗の二祖となった聖光（一一六二～一二三八）、西山義の祖となった証空（一一七七～一二四七）、浄土真宗の宗祖となった親鸞（一一七三～一二六二）など多くの人物が輩出されました。特に親鸞は、自力的な要素を完全に否定した「絶対他力」を説き「信も如来から賜る」という独自の教えを展開させました。また、時宗の宗祖である一遍（一二三九～一二八九）は、法然の孫弟子に師事しています。

このように多くの祖師によって教えが示されました。

▼阿弥陀仏信仰と現代日本人

現在においても阿弥陀仏信仰は、多くの日本人の中に浸透しています。それは、『観無量寿経』に「仏心とは、大慈悲これなり。無縁の慈をもって諸もろの衆生を摂したまう」と説かれるように、阿弥陀仏が大いなる慈しみの心を持って、一切衆生をお救いくださるからに他なりません。

阿弥陀仏は「万機普益」の仏として多くの人々に受け止められているのです。

疲弊しきった現代人にとっては、すべてを受け入れすべてを救う阿弥陀仏の大慈悲こそが必要ではないでしょうか。

阿弥陀如来の経典

武田(たけだ) 晋(すすむ)
龍谷大学特任教授

▼「浄土三部経」とは

浄土宗や浄土真宗が依(よ)りどころとする経典を「浄土三部経」といいます。これは経典名ではなく、正(まさ)しく往生浄土を明かす教として、法然(ほうねん)上人が、

①『仏説無量寿経(ぶっせつむりょうじゅきょう)（大経(だいきょう)）』
②『仏説観無量寿経(ぶっせつかんむりょうじゅきょう)（観経(かんぎょう)）』

③『仏説阿弥陀経（小経）』

の三つの経典を「弥陀の三部」として浄土三部経と名づけられました。法然上人は、これに『浄土論』（天親菩薩造）を加えて三経一論とし、それに基づき浄土宗を立教されました。

では、三部経のそれぞれについて、見ていくことにしましょう。

①『仏説無量寿経（大経）』

『大経』二巻は、お釈迦さまがインドのマガダ国の首都である王舎城の霊鷲山で、仏弟子である阿難の問いに答えて説かれたものです。阿弥陀仏の本願の救いを説くことこそ、自身がこの世に現れた理由であるとして教説されます。その内容は、次の三つに大別できます。

一つには、阿弥陀仏がどのようにして仏となったのかという「弥陀成仏の因果」です。はるか昔、一人の国王が出家して法蔵菩薩という修行者となり、師仏である世自在王仏のもとで無数の仏の国土をよく観察し、五劫といわれる長い時間にわたり思いをめぐらして四十八の誓願（本願）をたて、はかり知れない長い時間のご修行の末、その誓願を完成（成就）しました。これにより西方十万億の仏土を過ぎた彼方に安楽国土（極楽浄土）を建立し、一切の衆生を救う仏、阿弥陀仏となられたのでした。その救いの誓願の根本は第十八願で、念仏往生の願といわれます。

二つには、お釈迦さまによって述べられた阿弥陀仏の本願成就の救い、すなわち私たち衆生がどのように救われていくのかという「衆生往生の因果」です。第十八願の成就を述べる文には、諸仏がたによって讃嘆された仏名である名号（南無阿弥陀仏）のいわれを聞き信じ称名念仏することで、生死を超えた阿弥陀仏の浄土へ往生すると説かれます。

三つには、お釈迦さまによる悪の誡めです。五悪（殺生、偸盗、邪淫、妄語、飲酒）などを離れて、仏の智慧を信じて浄土を願うよう勧められる「釈迦指勧」です。このように、『大経』には阿弥陀仏の救いの真実が広く説かれています。

②『仏説観無量寿経（観経）』

次に『観経』は、お釈迦さまの晩年に、王舎城の王宮で起こった悲劇の事件を機縁に説かれたものです。阿弥陀仏とその浄土の荘厳相を観察する方法や諸行による往生の方法が教説されています。

その事件とは、占い師の言葉を信じた頻婆娑羅王と韋提希夫人が、実子である阿闍世太子を殺害しようとした事に端を発します。死の難を逃れた阿闍世は成長し、お釈迦さまの親戚でもある提婆達多にそそのかされ、その怨みから父王を堅固な牢獄に幽閉し、飢え死にさせようとします。しかし、母の韋提希が秘かに飲食をささげ、王が命をながらえていることを知った阿闍世は、今度は母までも宮殿の奥に閉じ込めてしまいます。

『観経』の教説は、ここから始まります。愁いに沈んだ韋提希は、お釈迦さまに仏弟子の遣わしを求めますが、その苦悩を見抜かれたお釈迦さまは自ら韋提希の前に現れます。驚いた韋提希は飾りを振り捨て礼拝し、初めこそお釈迦さまに不遇な身の愚痴を申すのですが、濁悪の世を厭い苦悩のない世界を求めたのでした。この要請に対し、お釈迦さまは多くの仏の世界を仏力によって見せられ、その中から韋提希が選び取ったのが阿弥陀仏の浄土でした。

この時、韋提希は未来世の一切衆生が救われるべく、浄土往生の方法について尋ねます。これに応えて、お釈迦さまが説示されたのが、阿弥陀仏の浄土とその仏・菩薩を精神統一して観察する十六種におよぶ観想や諸善といった行業でした。

中国で、この経典が重視されたのは、観察法や諸行といった修行方法が説かれたことによります。しかし、唐の時代の善導大師が注目されたのは、この教説の最後に、五逆（父を殺す、母を殺す、阿羅漢を殺す、仏身を傷つける、僧団の和合を破る）や十悪（殺生などの十の悪）の罪人が臨終に仏法のよき導き手によって、称名念仏すれば八十億劫という生死の罪を滅して浄土に往生できるとされる点でした。また、仏弟子の阿難(あなん)に委嘱(いしょく)されたのも無量寿仏の名を持(たも)つという称名念仏でした。この経典の真意が、本願に基づく称名念仏により、愚悪な凡夫が救われる点にあるとされたのが法然上人や親鸞聖人でした。

③『仏説阿弥陀経（小経）』

続く『小経』には、阿弥陀仏の浄土の素晴らしい様子や浄土往生の方法として一心不乱の称名念仏による臨終来迎が説かれ、後半には阿弥陀仏の不可思議なる功徳(くどく)が、あらゆる仏がたによって称讃されている様子が述べられています。

インドのコーサラ国の首都である舎衛城(しゃえじょう)の祇園精舎(ぎおんしょうじゃ)で、智慧第一といわれた仏弟子の舎利弗(しゃりほつ)に対して、問いなくして説かれるので、無問自説(むもんじせつ)の経とも言われます。

▼『般舟三昧経(はんじゅざんまいきょう)』とは

浄土三部経以外の重要な浄土経典として、『般舟三昧経』も紹介しておきましょう。

「般舟三昧」とは、諸仏現前三昧(しょぶつげんぜんざんまい)といわれ、仏さまが目の前にいるように瞑想見仏(めいそうけんぶつ)することが、この経典には教説されています。自身の善行功徳を土台として、仏の威神力(いじんりき)のはたらきと、その威神力を承けるべく心の清浄を実現した三昧の獲得という見仏体験です。

この経典は、阿弥陀仏と浄土に言及する最初期の大乗経典といわれます。比叡山での天台大師智顗『摩訶止観』に説かれる四種三昧の一つ常行三昧（常に行道しながらの三昧）は、この経典に基づいています。

法然上人はこの経に、颰陀和菩薩がお釈迦さまに「どのような教えによれば往生できるのでしょうか」と問うたのに対して、阿弥陀仏自らが「常念我名（常に我が名を念ぜよ）」と答えられた文があることから、阿弥陀仏の名前を選んで称えるという選択思想（選択我名）が述べられる経典として重視されています。

▼「讃仏偈」と「重誓偈」

「讃仏偈（嘆仏偈）」と「重誓偈（三誓偈または四誓偈ともいう）」は、日常の勤行で親しまれている偈文（讃歌）で、どちらも『大経』中に説かれています。偈文を声にだして読むことで、『大経』がどのような経典であるかを味わいましょう。

「讃仏偈」は、阿弥陀仏の前身である法蔵菩薩が、師の仏である世自在王仏を讃えたものです。

また、「重誓偈」は、法蔵菩薩が四十八の救いの誓願を建てられた後、重ねて三つの誓いを述べられたものです。
両偈には、一切衆生を必ず救いたいという法蔵菩薩の願いが述べられています。
――では、両偈の原文と現代語訳とを、見ていきましょう。

……○……○……○……

讃仏偈

光顔巍巍　威神無極　如是焔明　無与等者
日月摩尼　珠光焔耀　皆悉隠蔽　猶若聚墨
如来容顔　超世無倫　正覚大音　響流十方

讃仏偈（現代語訳）

世自在王仏のお顔は気高く輝き、その神々しいことは極まりなし。その光明は何ものも等しきものがない。太陽や月の光や宝玉の輝きも、その前にすべて失われ、まるで墨のかたまりのようである。み仏のお顔は、世に超えすぐれてくらべようもなく、さとりの声は高らかに、すべての世界に

戒聞精進　三昧智慧　威徳無侶　殊勝希有
深諦善念　諸仏法海　窮深尽奥　究其涯底
無明欲怒　世尊永無　人雄師子　神徳無量
功勲広大　智慧深妙　光明威相　震動大千
願我作仏　斉聖法王　過度生死　靡不解脱
布施調意　戒忍精進　如是三昧　智慧為上
吾誓得仏　普行此願　一切恐懼　為作大安

響きわたる。持戒と多聞と精進と禅定と智慧、これらのお徳は並ぶものがなく、とりわけすぐれて世にまれである。深く明らかに、さまざまな仏がたの教えの海に思いをこらし、その奥底を限りなく深くきわめ尽しておいでになる。愚かさや貪りや怒りなどの煩悩は師仏の世尊にはまったくなく、人の世にあって獅子のように雄々しい方であり、すぐれた功徳ははかりしれない。その功徳はとても広大であり、智慧もまた深くすぐれている。輝く光のお力は、世界中を震わせる。

　願わくは、わたしも仏となり、この世自在王仏のように迷いの人々をすべて救い、さとりの世界に至らせたい。布施の行をなして煩悩を静め、持戒と忍辱と精進、このような禅定を修めて、智慧をすぐれたものとしよう。わたしは誓う、仏と

仮使有仏　百千億万　無量大聖　数如恒沙
供養一切　斯等諸仏　不如求道　堅正不却
譬如恒沙　諸仏世界　復不可計　無数刹土
光明悉照　徧此諸国　如是精進　威神難量
令我作仏　国土第一　其衆奇妙　道場超絶
国如泥洹　而無等双　我当哀愍　度脱一切
十方来生　心悦清浄　已到我国　快楽安穏

なるときは、必ずこの願いを果たしとげ、すべての生死の苦におののく人々に大きな安らぎを与えよう。たとえ多くの仏がたがおいでになり、その数がガンジス河の砂のように数限りないとしても、それらすべての仏がたを残らず供養したてまつるより、固い決意でさとりを求め、ひるまずひたすら励み願いをはたそう。ガンジス河の砂の数ほどの仏がたの世界があり、はかり知れないほどの数限りない国々があるとしても、わたしの光明はそのすべてを照らして、至らないところがないように、おこたることなく努め励んで、すぐれた光明をそなえたい。わたしが仏になるときは、国土をもっとも尊いものにしよう。住む人々は徳が高く、さとりの場も超えすぐれて、涅槃の世界そのもののように、並ぶものなくすぐれた国としよう。わ

幸仏信明（こうぶつしんみょう）　是我真証（ぜがしんしょう）　発願於彼（ほつがんのひ）　力精所欲（りきしょうしょよく）
十方世尊（じっぽうせそん）　智慧無礙（ちえむげ）　常令此尊（じょうりょうしそん）　知我心行（ちがしんぎょう）
仮令身止（けりょうしんし）　諸苦毒中（しょくどくちゅう）　我行精進（がぎょうしょうじん）　忍終不悔（にんじゅふけ）

（ふりがなは浄土真宗で用いる読み方です）

たしは哀れみの心をもって、すべての人々を救いたい。さまざまな国からわたしの国に生まれたいと思うものは、みな喜びに満ちた清らかな心となり、わたしの国に生まれたなら、みな快く安らかにさせよう。

　願わくは、師の仏よ、この志を認めたまえ、これこそ私のまことの証（あかし）である。わたしはこのように願いをたて、必ず果たしとげないではおかない。さまざまな仏がたはみな、完全な智慧をそなえておいでになる。いつもこの仏がたに、わたしの志を心にとどめていただこう。たとえどんな苦難にこの身を沈めても、さとりを求めて耐え忍び、修行に励んで決して悔いることはない。

（『浄土三部経（現代語版）』参考）

重誓偈

我建超世願　必至無上道
斯願不満足　誓不成正覚
我於無量劫　不為大施主
普済諸貧苦　誓不成正覚
我至成仏道　名声超十方
究竟靡所聞　誓不成正覚
離欲深正念　浄慧修梵行
志求無上道　為諸天人師
神力演大光　普照無際土
消除三垢冥　広済衆厄難
開彼智慧眼　滅此昏盲闇

重誓偈（現代語訳）

わたし（法蔵菩薩）は、世に超えすぐれた願をたてた。必ずこの上ないさとりを得よう。この願を果たしとげないようなら、誓って仏にはならない。

わたしは、永遠にいつまでも、大いなる恵みの主となって、一切の苦悩する人々を救うことができないようなら、誓って仏にはならない。

わたしが仏のさとりを得たとき、その名前はすべての世界に超えすぐれ、そのすみずみにまで届かないようなら、誓って仏にはならない。

欲を離れて深く心静かに、清らかな智慧をそなえて菩薩の修行に励み、この上ないさとりを求めて、もろもろの天人や人々の師となろう。不可思議な力で大いなる光を放ち、果てしのない世界をあまねく照らして、煩悩の闇を除き去り、多くの苦しむものをひろく救

閉塞諸悪道　通達善趣門
功祚成満足　威曜朗十方
日月戢重暉　天光隠不現
為衆開法蔵　広施功徳宝
常於大衆中　説法師子吼
供養一切仏　具足衆徳本
願慧悉成満　得為三界雄
如仏無礙智　通達靡不照
願我功慧力　等此最勝尊
斯願若剋果　大千応感動
虚空諸天人　当雨珍妙華

（ふりがなは浄土真宗で用いる読み方です）

いたい。智慧の眼を開いて無明の闇をなくし、迷いの世界の門を閉じて、さとりの世界の門を開こう。すべての功徳をそなえた仏となって、そのすぐれた輝きはすべての世界に行きわたり、太陽も月もその光を奪われ、天人も輝きを隠すであろう。人々のためにすべての教えを説き明かし、ひろく功徳の宝を与えよう。常に人々の中にあって、獅子が吼えるように教えを説こう。すべての仏がたを供養し、さまざまな功徳をそなえ、願いも智慧もそのすべてを満たし、迷いの世界中でもっともすぐれたものとなろう。師である世自在王仏の何ものにもさまたげられない智慧がすべてを照らし尽すように、願わくは、わたしの功徳や智慧の力も、このもっともすぐれた師仏のようでありたい。この願いが果たしとげられるなら、天も地もそれにこたえて打ち震え、空からはさまざまな天人が美しい花を降らすであろう。

（『浄土三部経（現代語版）』参考）

阿弥陀如来とその仲間たち

大津市歴史博物館学芸員
寺島（てらしま） 典人（のりひと）

▼クラス別の救い

阿弥陀如来を表現する美術は、実に豊かなヴァリエーションが造られました。ここでは様々なかたちの阿弥陀如来像を眺めていきましょう。

まず、阿弥陀如来像は単体で造られる場合が多いのですが、複数の尊像から構成されることもあります。

例えば、観音菩薩（かんのんぼさつ）と勢至（せいし）菩薩を脇侍（きょうじ）として「阿弥陀三尊」を形成することがあります。この場合、向かって右に観音菩薩がきて、頭上には阿弥陀如来を表す「化仏」をのせています。左に配される勢至菩薩は、頭上に「宝瓶」をのせ区別しています。

さらに阿弥陀如来像だけのセットもあります。「九品仏」です。『観無量寿経』によれば、衆生が極楽浄土に往生するにも、「上品上生」から「下品下生」まで、九つのクラスがあると記されています。「九品」といい、それぞれお迎えに来ていただける菩薩の数や、セレモニーとしての華やかさにも差があるようです。それに伴い、九品それぞれに阿弥陀如来がいらっしゃるという考えから、九品仏をまつった寺院も生まれました。著名なのは木津川市の浄瑠璃寺で、九体もの阿弥陀如来像が一直線にずらっと並んでいます。このような不思議な空間を持つ堂も建立されました。

九品仏（『別尊雑記』より）

さて、阿弥陀如来像は、通例の如来像とほぼ同じ姿を持っています。違うのは、親指と他の指で○を造って、膝上に両手を組む「弥陀定印」や、胸前で腕を曲げる「説法印」、さらには右手をあげて左手を下げる「来迎印」とするところです。ところがそれら基本形とは異なる様々な姿に表されることがあります。

まず、宝冠をかぶっている「宝冠阿弥陀」。一見、髻を高く結い、宝冠をかぶっているので菩薩の姿にみえますが、着衣は衲衣（袈裟）を着け、さらには膝上で「弥陀定印」を結ぶので阿弥陀如来像なのです。この姿は、比叡山延暦寺を中心に常行三昧堂の本尊として安置されました。全国の天台系寺院を中心に十数例現存しています。

次に、「紅頗梨色阿弥陀」と呼ばれる赤色の身体をもった阿弥陀如来があります。『無量寿如来供養法次第』に記される真言系のもので、紅頗梨秘法の本尊としてまつられます。「紅頗梨（紅玻璃とも）」は赤色のガラス（水晶）で、体の色が金色ではなく赤色に輝くように表されます。姿は、頭部に五仏宝冠をかぶる菩薩形で弥陀定印を結ぶので、宝冠阿弥陀と近い尊容を持っています。

さらに、「五劫思惟阿弥陀」が知られています。衆生を救うために、とてつもなく長い期間（五劫）考え込んでいたため、髪の毛がアフロヘアーのように伸びた姿に表されています。静かに瞑想するお顔に、大きな帽子のように螺髪を表しています。身体は、両手を着衣で包み、膝上に置く像や、通例の弥陀定印を結ぶもの、合掌する例など数種類の姿が知られています。特に合掌する像は、如来像で合掌手を持つ像は我が国では稀有なため、とても興味深い作例といえます。

また、「善光寺式阿弥陀」という、長野市の善光寺像を模した形もあります。飛鳥時代に百済から伝来した一光三尊形式の阿弥陀三尊像です。中尊の左手の指が、第二、三指を伸ばすところ（刀印）と、脇侍が両腕を胸前で上下に重ねる姿は独特です。我が国の阿弥陀如来像はおおかた指を丸く表しますが、定型になる以前のスタイルを示すものとしてとても面白い像といえます。全国に膨大な数の作例が残っています。

▼積極的にお迎え

次に、「来迎」に関係するお姿をみていきましょう。阿弥陀如来のいる極楽に我々が往生したいという思いに対して、積極的に阿弥陀如来の方から迎えに来ることを表す姿が作られました。

特に、多くの「聖衆」とともに阿弥陀如来が描かれたものを「聖衆来迎図」と呼んでいます。高野山の有志八幡講所蔵の阿弥陀聖衆来迎図をみると、正面向きで坐像の阿弥陀如来の周りに、雲に乗った多くの聖衆が描かれています。「上品」であれば、このように多くの聖衆とともに賑やかに極楽往生できるとされています。

多くの聖衆のなかでも、特に二十五の菩薩が選ばれ、「二十五菩薩来迎図」が造られました。大津市・新知恩院本（次ページ写真）は、様々な楽器を演奏する菩薩とともに、踊りながら往生者

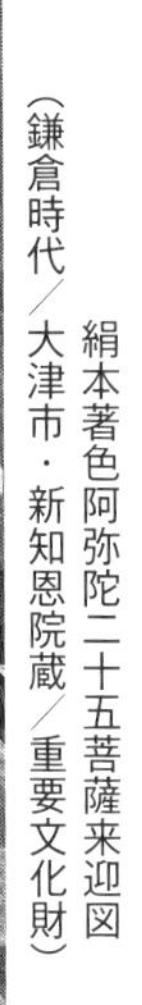

絹本著色阿弥陀二十五菩薩来迎図
（鎌倉時代／大津市・新知恩院蔵／重要文化財）

に近づいてくる多くの菩薩を描き、往生間際の期待感を高めています。

これらの来迎図をみると、先頭に蓮台をもった観音菩薩像が描かれていることに気づきます。観音菩薩は、大事な往生者の御魂を蓮台にのせて極楽へ連れていくという大役を担っています。ですから、真っ先に往生者のもとに近づき、膝を曲げて腰を下げながら、両腕を伸ばして蓮台を差し出す姿が一般的です。ほとんどの来迎図は、まだ御魂をのせていませんが、中には大津市・光明寺本のように、もう蓮台に載っている様を描いた作例もあります（次ページ写真）。

その観音に少し遅れて勢至菩薩が描かれる例をよく目にします。まるで見守っているように、

絹本著色阿弥陀三尊来迎図（部分）
（鎌倉時代／大津市・光明寺蔵／滋賀県指定文化財）

やや後方から合掌する姿に表されています。

これら阿弥陀如来と観音菩薩、勢至菩薩の代表選手の三尊で来迎する様を描いたのが、「阿弥陀三尊来迎図」です。両脇侍が前者と同じ姿に表され、三尊が大きく描かれています。より直接的で、親しみのわく姿といえるでしょう。

これは彫刻においても同様です。平安後期以降、この姿の阿弥陀三尊像が多く造られました。特に快慶（かいけい）工房が造立した高野山・光台院（こうだいいん）像や大津市・西教寺（さいきょうじ）像などは、来迎する様を立体的にリアルに表すことに成功しています。

▼着ぐるみでなりきり

リアルと言えば、衲衣（袈裟）などの着衣をつけない「裸阿弥陀」像があります。上半身だけ裸のものと、全身裸のものがあり、ともに実際の衲衣（袈裟）を着させることで、より本物に近いリアルな阿弥陀如来が目の前に出現したことを表しています。

その「裸阿弥陀」像の作例として著名なのが、小野市・浄土寺（じょうどじ）像ですが、本像は「練供養（ねりくよう）」で使用された像として知られ、二十五菩薩の行道面（ぎょうどうめん）もともに現存しています。現実に人と同じように動く二十五菩薩と、車輪が台座下に設けられ、実際に巨大な阿弥陀如来像が向かってくる様子は、二十五菩薩来迎図の実写版といった様相だったことでしょう。

また、脚部からくり抜いた阿弥陀如来像を、実際の人が頭からかぶる例もみられます。今風にいえば「着ぐるみの阿弥陀」とも呼ぶべきものです。このように阿弥陀如来になりすまして、来迎の様子を再現する**「被仏（かぶりぼとけ）」**は、立体的な阿弥陀如来が現実に歩いて来迎するのですから、リアルの極致ともいえるものでした。

さらに、阿弥陀如来が来迎する様を、色々強調的に表す作例も生まれました。例えば**「山越（やまごえ）阿弥陀図」**（「やまごし」とも）。山の向こう側にとても大きな阿弥陀如来が表されています。人知を超えた大きさの阿弥陀如来がまさに来迎しつつある様子を、臨場感あふれる感じで表しています。

また、**「帰り来迎」**と呼ばれる作例もあります。これは、往生者の御魂を確かに蓮台にのせて、阿弥陀如来を先頭に極楽に向かって上方に帰っている様子を表したものです。来迎図の上部に、異時同図的に描かれる場合が多いのですが、時に彫刻でも造られました。例えば、京都市・禅林寺（永観堂）の本尊は、永観の伝説による「見返り阿弥陀」として著名です。一方で、この左後方を振り向いて見る造形は、帰り来迎の阿弥陀如来と同じ姿をもっています。類例として知られる米沢市・善光寺像は、頭部が左後方の下方をむいており、まるで後方下から後を追う往生者をやさしく導いているように造られています。おそらく帰り来迎を彫刻で表した珍しい例と考えることが出来るでしょう。

なお、「来迎印」ですが、極まれに腕の上げ下げが左右逆の像があります。「逆手の阿弥陀」と呼ばれ、中国・宋仏画や朝鮮・高麗仏画などでよく見かけるスタイルです。おそらく平安後期頃にかけて我が国に伝えられ、鎌倉初期~中期に一時的に流行を見ます。作例が十五例ほど全国で知られています。

このように、実に様々な姿と形で表されてきた阿弥陀如来像。それは我が国の仏像造像史の中で、一番多く造立された仏像であることと無関係ではありません。阿弥陀如来は最も愛されたホトケさまということが出来るでしょう。

会ってみたい名像・名画、行ってみたい行事

加須屋（かすや） 誠（まこと）
元奈良女子大学教授

▼〝日本最古の阿弥陀像〟など、色々な名像

神奈川・高徳院の阿弥陀如来像（写真①）は通称「鎌倉の大仏さま（鎌倉大仏）」と呼ばれて、多くの人に親しまれています。造られたのは鎌倉時代（十三世紀）、今から七五〇年ほど前のことです。しかし、それに先立ち、我が国では数多くの阿弥陀如来像が造られ、篤く信仰されてきました。

ここでは時代順に、阿弥陀様の彫刻と絵画の遺品をご紹介しましょう。

現存する日本最古の阿弥陀像は、東京国立博物館蔵の阿弥陀三尊像です。左脇侍（わきじ）の宝冠には化（け）

仏、右脇侍の宝冠には水瓶があることから、それぞれ観音菩薩・勢至菩薩であることがわかります。これは白鳳時代（七世紀後半）の遺品です。絵画では、同じく白鳳時代に描かれた法隆寺金堂壁画（第六号壁）が古く、続いて天平時代（八世紀）の奈良・当麻寺の当麻曼荼羅原本があります。当麻曼荼羅は『観無量寿経』に基づいて、阿弥陀如来を主尊として極楽浄土の風景を図絵化した綴織の作品です。ただし、この原本は傷みが激しく、肉眼では現在その図様を確認することが難しい。しかし、鎌倉時代（十三世紀）以降にたくさんの模本が制作されて、日本各地の浄土宗寺院に奉られています。模本においては、はっきりと阿弥陀様のお姿を拝することができます。

【写真①】鎌倉大仏・高徳院の阿弥陀如来像（国宝）

記録によれば、東大寺盧舎那仏（奈良大仏）を建立した聖武天皇の后・光明皇后が天平宝字四年（七六〇）六月七日に崩じた際に、東大寺および京師小寺において皇后追善のための七七斎会（四十九日の儀礼）が催され、それにともない国ごとに阿弥陀浄土画像を造るべしとの命令が出されたことが知られます。翌年の一周忌の法会は、奈良・法華寺の阿弥陀浄土院で行われました。阿弥陀浄土院は池や庭園に囲まれた堂舎であることが発掘調査から判明し、歴史的考証により本尊は須弥壇上に安置された丈六（二五〇センチほど）の阿弥陀三尊の彫像、壁には二尺（六〇センチほど）の楽器を演奏する姿の菩薩像二十八体が付けられていたことがわかっています。壮大華麗な造形であったと推察されますが、残念ながら、これらは現存しません。

失われた法華寺の阿弥陀浄土院の本尊・阿弥陀如来像の姿を今に伝える遺品として、京都・広隆寺講堂安置の阿弥陀如来像があります。この像は淳和天皇の寵愛を受けた永原御息所（永原原姫）が、承和七年（八四〇）五月八日に崩じた天皇の冥福を祈って造られたものと推定されています。広隆寺像は説法印（胸前で第一指と第四指を念じる）を結んでおり、法華寺像もまた同様の印相をしていたと思われます。

仁和三年（八八七）八月二十六日に崩じた光孝天皇の場合には、その翌年、追善供養のために京都・仁和寺本尊の阿弥陀三尊像が造立されました。さらに寛平八年（八九六）八月十六日には源　湛と昇の兄弟が父・源　融の追善のために、京都・棲霞寺（清涼寺内）の阿弥陀三尊像を造立しました。この二つの阿弥陀像は定印（腹前で両手を重ねて第一指と第二指で輪を作る）のお姿です。両像は同じ印相を結びますが、仁和寺像は小振りでかわいらしいお顔をしているのに対して、棲霞寺像は大ぶりで凜々しい顔立ちです。

これに続く彫刻の遺品として、京都・岩船寺の阿弥陀如来像と奈良・元興寺(がんごうじ)の阿弥陀如来像があります。どちらも十世紀の遺品です。仁和寺像や棲霞寺像とは異なり、こちらは威厳ある表情で、たいへん重々しい印象を拝する者に与えます。ずっしりとした安定感が、阿弥陀様の慈悲の深さと救済の確かさを暗示しているように見受けられます。

▼"幻想的(ドリーミー)"など様々なイメージの名像

これに対して、天喜元年(一〇五三)に建立された京都・平等院鳳凰堂の本尊である阿弥陀如来像は細身で軽やかなお姿です。これを造ったのは大仏師定朝(じょうちょう)。定朝は日本彫刻史を代表する仏像制作者で、「和様(日本風)」の仏像の完成者と称されます。その造形の目指すところは、現実的(リアル)なお姿として仏像を造るのではなく、あたかも夢の中で仏様に出会ったかのような幻想的(ドリーミー)なイメージを、拝する者に与えようとしたのだと推測されます。鳳凰堂の内部には楽器を演奏したり舞を踊ったりする雲中供養菩薩が周囲を飾り、壁や扉には優美な大和絵が描かれ、その建物自体が極楽の建築を模したものであり、さらにそれを囲む庭園が浄土の風景を地上にあらわしたものであることも、その幻想性が極度に高められていることをうかがわせ

【写真②】浄瑠璃寺・九体阿弥陀如来像（国宝）の中央の阿弥陀如来像

ます。平安時代の貴族の美意識に沿った造形と言えましょう。

宇治の平等院から南下したところに位置する京都府木津川市加茂町の浄瑠璃寺（じょうるりじ）の本堂には、阿弥陀如来像が九体並べて安置されています。阿弥陀様の救済には最上級のものから最下層のものまで、九つの階位がある。九体の阿弥陀像を奉るのは善悪種々の行いをなす衆生がもれなく、その救済に与（あず）かれることを期待してのことです。このように仏像を安置するお堂は「九体（くたい）阿弥陀堂」と呼ばれ、平安時代後期（十一世紀～十二世紀）には各地に数多く建立されたことが記録から知られます。しかし、それらはすべて失われ、この浄瑠璃寺が平安時代にまでさかのぼる唯一の遺構です。

浄瑠璃寺の九体阿弥陀像の中央に位置する像（写真②）は、来迎印（らいごういん）（右手を胸前、左手を膝上に置き、第一指と第二指を念じる）を結んでいます。阿弥陀様が遙か遠く西方の極楽浄土から現世へと亡くなった人の魂を迎えに来るお姿を示す印相です。京都・即成院の阿弥陀如来像は定印を結んでいますが、その周囲には阿弥陀如来とともに死者の魂を迎えに来た二十五菩薩の彫像が奉られています。観音菩薩は魂を迎え取る蓮台（れんだい）を手に持ち、勢至菩薩は合掌しています。

京都・三千院の阿弥陀三尊像は来迎印を結ぶ阿弥陀如来像とともに、蓮台をもつ観音菩薩、合掌する勢至菩薩が造形化され、来迎の情景を立体的に表現しています。和歌山・高野山有志八幡講十八箇院蔵の阿弥陀聖衆来迎図は、その情景を絵画で平面的に表現した遺品。楽器を演奏する菩薩たちなども描き添えられており、とても華やかな印象を与えます。

▼運慶（うんけい）・快慶（かいけい）作の名像

鎌倉時代（十三世紀）は著名な仏師である運慶・快慶が盛んに造像を行った時代です。運慶作の阿弥陀像としては静岡・願成就院（がんじょうじゅいん）像と神奈川・浄楽寺像とが現存します。快慶作の阿弥陀像は奈良・西方寺像、大阪・八葉蓮華寺像ほか多数が今に伝えられています。

快慶作の阿弥陀如来像は三尺（九〇センチほど）の小像が多いのですが、兵庫・浄土寺の阿弥陀三尊像は本尊五三〇センチ、観音菩薩と勢至菩薩は三七〇センチという巨像です。この三尊を奉る浄土堂はちょうど真西を背にして建てられているため、春分と秋分の日には、沈み行く太陽を

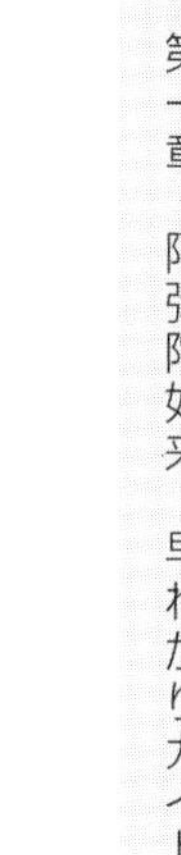

【写真③】醍醐寺蔵・水晶宝龕入り阿弥陀如来像

背に阿弥陀三尊像のお姿がきらびやかに光り輝きます。

近年発見された、たいへんめずらしい阿弥陀如来像として、京都・醍醐寺の水晶宝龕入り阿弥陀如来像が注目されます（写真③）。銅板に鍍金した蓮の花びらの上につぼみ形の水晶をしつらえ、その中に来迎印を結ぶ阿弥陀如来像が奉られています。平成二十三年（二〇一一）詳細な調査が行われ、水晶内に安置された阿弥陀如来像は快慶の作風を示すものであることが明らかになりました。

▼お練り供養

最後に、阿弥陀様を供養する宗教行事を一つご紹介したいと思います。

奈良・当麻寺では毎年五月十四日、当麻曼荼羅を奉る曼荼羅堂から中将姫を奉る娑婆堂まで長い橋を架け、その橋の上を仮面を付けて菩薩に扮した人たちが練り歩く儀式が行われます。これは「お練り供養」あるいは「迎講」と称されるもので、阿弥陀聖衆の来迎を演劇的に表現したものです。現在は録音テープで雅楽の調べが流されますが、昔は実際に楽人が演奏を行ったと思われます。この儀式に参集した人々は美麗な来迎の演劇的所作を目で見て、優雅な音楽を耳に聞いた。つまり、全身を通じて、来迎の至福の瞬間を味わったと推察されます。同じような宗教行事は、東京・浄真寺、京都・即成院、和歌山・誕生寺など日本各地でなされています（写真④）。

【写真④】即成院の二十五菩薩練供養

《エッセイ》私と阿弥陀さま①

天台宗東北大本山関山中尊寺貫首
山田俊和

なむあみだぶつ

「なむあみだぶつ」は何回いうの。これが私の阿弥陀仏さまとの初めてのご縁です。

私は、六歳のお正月に、師である父から、雑巾バケツと雑巾を渡され、この廊下を拭いて、本堂でお勤めをしてから、ご飯を食べて、学校に行きなさいといわれました。思えば、このことが私の僧侶の出発点です。

本堂で、父の手になるひらがなの経本をもらいました。経本には、三礼、懺悔文、開経偈、般若心経、念仏、総回向が書いてあったと思います。そのお念仏は、何回いうのかを父に聞いたのです。答えは二十一回であったと思います。門前の小僧ならわぬ経を読むです。字もまだまともに読めないのに、一週間程で覚えたようです。

十歳の頃に、本格的に、僧侶の作法、経の唱え方を習いました。小さな僧衣を着て、棚経、施餓鬼会、護摩会にも出ておりました。近所の檀家の方が、あなたのお棚経の時のお念仏を聞いて、死んだ母は涙を流して喜んでいましたよ、と話してくれました。当時は、ボーイソプラノの、幼い子供のお念仏は、きっと無垢清浄だったのでしょう。今日、ただひたすら無心に「なむあみだぶつ」と申せるのか、煩悩まみれのお念仏ではないのかと、反省しております。

だいぶ後になって、「南無阿弥陀仏」の意味が、「苦しみ、悲しみ、悩み等のない、極楽浄土の教主である阿弥陀仏さまに、私のすべてをお任せいたします。どうぞ、阿弥陀仏さまのお住まいになられる極楽浄土に、連れて行って下さい」と理解し、素直にお念仏を申せるようになりました。

天台宗は、法華経を所依の経典としておりますが、阿弥陀経を小法華と称し、「朝題目、夕念仏」と申し、同時に修行いたします。法華経の薬王菩薩本事品には、「この経を聞いて、説の如く修行すれば、命終して、即ち安楽世界の阿弥陀仏の、大菩薩衆の囲繞せる住処に行き、蓮華の宝座の上に生ぜん。」とあります。即ち一生懸命に仏道修行に励んだ者は必ず極楽浄土に往生することができる、と仏は示されているのです。

さて、私は平成十八年十月に、天台宗東北大本山関山中尊寺貫首に就任いたしました。中尊寺は、国宝の金色堂があります。金色堂は阿弥陀堂で、藤原清衡が、天仁二年（一一〇九）に起工し、天治元年（一一二四）八月二十日に、十六年かけて完成しました。その後いくたびもの大修理を経て今日に至りました。創建時より今年は八百九十五年目で、ほぼ創建当時の姿です。

金色堂は、清衡が極楽浄土に往生することを熱望して、阿弥陀経に説かれる極楽浄土の世界を、この地に現したもので、七宝をもって飾られた華麗なお堂です。内陣には阿弥陀三尊仏を本尊に、十一体の諸仏を安置した須弥壇が三基あります。各壇には、清衡、基衡、秀衡、泰衡のご尊体が奉安されており、金色堂は、阿弥陀堂であり、また葬堂です。

奥州藤原氏四代の約百年間は、戦いのない平和な世界と人々の幸福を願い、武器を捨て、戦争を放棄し、仏教を根本として、阿弥陀仏のおわす極楽浄土を、この地に顕現しようとした時代であったのです。今日、私達はこの混乱する世相にあって、どのような世界を、日本を築こうとしているのでしょうか。金色堂を拝するたびに、もっと本気で平和な世界を築くために働かなければならないと思っています。

中尊寺の所在地である平泉（岩手県）の世界文化遺産登録を目指していた平成二十年頃、登録祈念のため「百万遍念仏修行」を発心しました。清衡は往生極楽を願い、平泉に極楽浄土を顕現したいと願いました。奥州に平和と人々の幸福をもたらすために中尊寺は創建され、平泉が開かれたのです。その志を受け継ぐには、念仏修行が相応しいと思いました。しかしながら、中尊寺には日常的法務があり、集中的に短期間で行うことは難しく、一年間かけてゆっくりと修行することといたしました。平成二十年七月十七日の清衡公祥月命日を初座として、平成二十一年七月十六日を満行日といたしました。その間、朝に夕に一日三千回のお念仏をお唱えすることといたしました。満足に修行できなかった日もあり、九月三日の泰衡公祥月命日まで追加修行し満行としました。

百万遍念仏修行を振り返りますと、雑念の中でお念仏を申し、こんなことではだめだと思い、ある時は無心にお唱えし、ある時は阿弥陀仏の姿を追い求め、ある時はすでに鬼籍に入った父母や有縁の方々の極楽往生を願い、ある時はこの世の中が、極楽浄土になるようにと願いながら、「なむあみだぶつ・南無阿弥陀仏」と唱え続けました。無事満行できましたのは、阿弥陀仏のお導きのおかげであったと思っています。この一年間は、阿弥陀仏に生かされ、生きることができたの

阿弥陀三尊を本尊とする、中尊寺金色堂（国宝）の内陣。
（写真提供：中尊寺）

だと、心からありがたく思いました。

子供の頃の「なむあみだぶつ」。金色堂阿弥陀仏に対しての「南無阿弥陀仏」。百万遍念仏修行時の「南無阿弥陀仏」。日常の回向法要時の「南無阿弥陀仏」。どれもお念仏で、何の変わりもないのです。

しかしながら、心の有りようによって、満足、不満足があります。

心を静かに統一して、無垢清浄な「なむあみだぶつ」が、いつも唱えられるようになりたいと念じています。

《エッセイ》私と阿弥陀さま②

神居文彰（かみい もんしょう）
平等院住職
美術院監事

極楽いぶかしくば…

先日、久しぶりにムーティ指揮によるヴェルディのレクイエム「怒りの日」を聴くことが出来ました。怒りの日ディエス・イレは、新約聖書の最後に出てきますが、六世紀末グレゴリオI世が編纂されたと伝えられる聖歌に歌われ、ベルリオーズ「幻想交響曲」以降、ヨーロッパでは「死」を象徴する旋律として様々に展開していきます。一なる神による生前の行いを選択選別し審判する最初期の内容です。

私が護ってきた平等院は、世界遺産でもあり世界中の多くの方々から様々な質問を頂きます。その一つが、「どうして御像を拝むのか」、つまり偶像崇拝禁止と真っ向からぶつかっている宗教と捉えてしまっているのです。おそらく新約旧約を問わず最も基本的で仏教と対照的な概念ですので、分かっていてお訊きになっているのでしょうが。一言でいうなら、〝人は絶対に神になれない〟というのが彼らの基層概念です。だから、神は人の恣意によってその姿を表さない。

仏教は真逆で、〝人は必ず仏になる〟道を歩むということです。その道・方法は様々で、凡夫のまま仏の世界でその道を歩み続けるという選択もあります。人が仏になるので、人は仏を人の最も素晴らしい姿として創造していきました。祖師方の御像もそうです。最も理想的なその道を歩む姿として私達の前にあるのです。

平安時代末期『後拾遺往生伝』という様々な人の死と救済を集めた書に「極楽いぶかしくば、宇治のみ寺をうやまへ」という歌が紹介されています。つまり、阿弥陀如来の仏国土、極楽を疑ったり疑問に感じたら宇治の平等院に行って拝んでみると、もう一度信じ直すことが出来るという人口に膾炙した童歌です。

実はこの歌、母と子の逸話です。母親が亡くなったあと子どもが夢の中で母親と出会いました。母親は、阿弥陀さまの世界はとても素晴らしいところと伝えると、子どもが「それは平等院のようなところ?」と聞くのです。すると母親は「なぜ?」と問い返す。その時、子どもがこの童歌を使って応えたのです。

母親は、「確かに、そう。生前はこの眼で見えている最も素晴らしい世界の広がりを求めていく。でも、阿弥陀さまの世界にいくとそこは、それこそ人の言葉では言い表すことが出来ないくらいの世界が広がるの」と。

実際、肉眼で見えている世界が、それを瞑ったあと網膜では見えないものが広がるでしょう。しかし、それは、今見えている仏の姿（仏堂や御像）となんら変わらないものであることも間違いありません。ですから私達はこのお姿に救いを求めるのです。

私は長くこの御像方や仏画、庭園などの修理・復元整備をしてきました。ですから、私の日常には仏をこの手でお給仕している実感があります。信じる信じないではなく、生活と一体となっているのです。

今から五十年以上前、「往生浄土」「阿弥陀仏」「念仏」の『理解と表現』という三部作が藤吉慈海先生のもと刊行されました。当時の碩学方の集成であり現在でも読み応えのあるものです。その翌年『現代の浄土宗』でその各論全体考察を十三名でまとめられています。その中で現在まで

上 ＝ 平等院 阿弥陀如来像（国宝）／下 ＝ 平等院 鳳凰堂（国宝）
（いずれも筆者撮影　© 平等院）

教化をお続けの方が、論者中唯一の尼僧である近藤徹稱（こんどうてっしょう）師です。師の分析は、自身が阿弥陀仏とどのように向き合っていくかということを、ある時は教理を越え、各人が自身の言葉で求め続けていた事実と爛熟が強烈に照射されています。そんなことも、きっと阿弥陀さまはやさしく見ておられるのでしょう。

救済されることを選択（せんちゃく）頂いた阿弥陀さま。私はそのもとに参るのです。

第二章

薬師如来(やくしにょらい) 早わかりガイド

南無薬師瑠璃光如来

薬師如来とは？

網代裕康
大本山室生寺教務執事

▼薬師信仰の始まり

日本仏教の歴史は、大陸からの渡来人たちがインドの宗教である仏教をもたらしたことに始まります。

渡来人たちは有力氏族である蘇我氏と血縁を結び、政治的権力を有するようになります。仏教は大和政権の最高執政官、大臣・蘇我稲目と息子の馬子、稲目の娘を母にもつ用明天皇（欽明天皇の第四皇子で聖徳太子の父）、そして推古天皇（第三皇女）へと政治的に取り入れられながら、しだいに日本固有の神と共存し浸透していきました。

その間、もちろん異国宗教の受容に反対する物部氏との対立がありましたが、同じく最高執政官の大連・物部守屋が馬子らに滅ぼされたため、反対派は衰退しました。

仏教が公的に日本へ伝えられたのは、欽明天皇七年（五三八）十二月のことです。『元興寺伽藍縁起并流記資材帳』等によると、百済の聖明王が倭国（日本）に仏教を伝えたと記しています。

薬師如来

その六十九年後の推古天皇十五年（六〇七）に、法隆寺金堂の薬師如来像が鋳造されたことが光背の銘文に記されています（ただし銘が刻まれたのは十五年よりのち）。

銘文は、用明天皇が即位後（五八六）まもなく病に臥し、自ら快復を祈って薬師像を本尊とする法隆寺の建立を計画したところ、翌年、崩御されたため、推古天皇と摂政・聖徳太子（厩戸皇子）が遺志を継いで完成させたという内容です。

また推古天皇三十年（六二二）、聖徳太子の病気平癒を祈って息子の山背大兄王（母は馬子の娘）が法輪寺（本尊／楠材一木造の薬師像）の建立を発願したことが『聖徳太子伝私記』に伝えられ、太子はその年に亡くなっています。

その後も、天武天皇九年（六八〇）に天皇が皇后（後の持統天皇）の病気平癒を祈って薬師寺の建立を計画しますが、六年後、天皇が崩御されたため、持統天皇が遺志を継ぎ二年後、藤原京に薬師寺を建立します。その三十年後、養老二年（七一八）平城遷都によって平城京（西ノ京）へ移転され、現在の薬師三尊像が鋳造されました。なお、この頃の薬師像は、経に造像の規則が説かれていないため、まだ薬壺（薬入れ）を持たず、印相（施無畏と与願）のみで、釈迦如来の姿と同じでした。

このように薬師如来の信仰は飛鳥・白鳳時代より天皇を中心とする病気平癒の祈願に始まります。また、渡来人との文化交流が盛んになるにつれ、まだ防疫対策のない時代、伝染病が侵入し、流行する事態が起こり始めたことも、薬師信仰を広める一因となったと思われます。

▼薬師の名の意味

薬師如来のサンスクリット語原典は、『バイシャジャ・グル・ヴァイドゥールヤ・プラバ・ラージャ・スートラ』（薬師瑠璃光王の経／ギルギット写本、以下『薬師経』）で、経中では「バイシャジャ・グル・ヴァイドゥールヤ・プラバスヤ・タターガタスヤ・プールヴァ・プラニダーナ・ヴィシェーシャ・ヴィスタラ」（薬師瑠璃光如来が過去に立てた勝れた誓願の詳説）と呼ばれています。漢訳では玄奘訳『薬師瑠璃光如来本願功徳経』に相当しています。

薬師の名は、表題にあるとおり「バイシャジャ・グル・ヴァイドゥールヤ・プラバ」です。

まず、バイシャジャとは薬のことです。もちろん病気を治すための医薬を意味しますが、大乗仏教の仏伝『ラリタ・ヴィスタラ』（釈尊伝の詳説／漢訳『方広大荘厳経』）の第二十二・現等覚の章では、成仏した釈尊のことを「衆生の病を理解し、衆生の治療を確立し、不死・解脱の薬（アムリタ・バイシャジャ）を使用する医術の王が現れ、すべての苦しみから解放し……」と説かれています。

すなわち、薬とは涅槃の安楽（ニルヴァーナ・スカ）をもたらす法を意味し、釈尊を、衆生の病を治療する医術の王に譬えているのです。

次に、グルとは、「重要な、尊敬すべき人」という意味で、師と漢訳されます。

そして、ヴァイドゥールヤとは宝石の名です。『無量寿経』や『法華経』にも仏国土を飾る七宝の一つとしてあげられています。吠瑠璃または瑠璃と音訳されるラピスラズリ（青金石）のことで、薬師が住する東方の仏国世界「ヴァイドゥールヤ・ニルバーサー」（漢訳は浄瑠璃。ニルバーサーは「輝く」という意味）の名でもあり、大地は瑠璃でできていると説かれています。

音訳はパーリ語のヴェールリヤに近く、ギリシャ人がインドからヨーロッパへもたらした際、音位転換して「ベリル」（現在はエメラルドやアクアマリンの原石・緑柱石のこと）と呼ばれたともいわれます。

ラピスラズリは、群青の空の色を表し、青の鉱物・ラズライトは古くから岩絵の具の顔料として用いられ、エジプトのツタンカーメンのアイライン等にも使われています。

最後に、プラバとは「光を放つ、光を発する」という意味です。

以上のことから、薬師の名は、「ラピスラズリの群青の光を放つ薬の師」と解釈できます。

▼薬師の仏国土

『薬師経』に、東方へ天文学的な数である十恒河沙（ダシャ・ガンガーナディー・ヴァールカー・サマーニ／ガンジス河の砂数の十倍に等しい）の仏国土を越えた彼方にあると説く浄瑠璃世界。おそらく、金色に光輝く満天の星空に、朝日が東の空を照らし出す瞬間をイメージしたものと思われます。しかも、その世界に住する無数の菩薩たちのうち、上位の二大菩薩の名が、日光（スールヤ・ヴァイローチャナ／太陽の輝き）と月光（チャンドラ・ヴァイローチャナ／月の輝き）であることも納得が行きます。

また、その仏国土の素晴らしさと美しさは一劫（カルパ／天文学的莫大な時間）をかけても説き尽くすことは不可能であるとしています。仏国土に住む人々は、情欲（カーマ）や罪過（ドーシャ）を離れ、悪趣（アパーヤ）や苦悩（ドゥフカ）の声を聞くこともなく、生まれ変わり（転生）がない世界ゆえに、（生物学的）女性もいないと説かれています。

さらに、建造物はすべて七宝（金・銀・パール・クリスタル・ラピスラズリ・ダイヤモンド・珊瑚）でできていて、あたかも極楽世界（スカーヴァティー・ローカダートゥ／無量寿如来＝阿弥陀如来の仏国土）のようであると結んでいます。この一言によって『薬師経』が『無量寿経』以後の成立であることが分かります。

▼仏国土建設と菩薩の誓願

仏国土とは、自ずから存在する世界ではありません。理想とする仏国土を目指して、人為により天文学的時間をかけて建設し、実現した世界なのです。その理想を誓願（プラニダーナ／「設定」

の意味）と呼び、菩薩はそれらを自らの行動目的としていました。
現在はすでに如来となった薬師ですが、かつて成仏を目指し、菩薩行を行じていたとき、自身が未来において成仏した際に実現したい十二の偉大な誓願を立てたことが『薬師経』に説かれています。

《第一の大誓願》自身から発する光が多くの世界を輝かしめ、人々も私と同じように仏の特徴を具えた姿でありますように。

《第二の大誓願》成仏した私の体が、貴重なラピスラズリやクリスタルのように清らかで美しく輝き、大きな体には吉相と威光が現れ、網状の光炎は太陽と月の光線を凌駕しますように。その世界に生まれた人々は闇夜に束縛されることなく、私の光によってどこへでも行き、善い行いをしますように。

《第三の大誓願》私の無量の智慧と方便（巧みな手段）の力で、無量の人々の食や資財が尽きないように、誰であれ不足がありませんように。

《第四の大誓願》邪教を信仰する人々や、（自己の解脱・涅槃のみを求める）小乗を信仰する人々が、成仏を目指す大乗の信仰に導かれますように。

《第五の大誓願》人々が私の教導によって（情欲を断つ）梵行を修行し、すべての者が戒をよく守り、もし犯したとしても、私の名号を聞けば悪い世界に転生しませんように。

《第六の大誓願》人々の体に感覚器官の障害や精神的な病があるとき、私の名号を聞けばすべて健全になりますように。

《第七の大誓願》人々がさまざまな病に悩まされ、救い守る人もなく、薬もなく、親族もなく、貧しくても、もし私の名号を耳にすれば、すべての病は癒され、災いを免れて成仏しますように。

《第八の大誓願》（インド社会における女性への差別偏見を反映した内容）自分が女性として生ま

れたことを好ましく思わない者は、私の名号を記憶すれば、女性でなくなり、成仏しますように。

《第九の大誓願》　悪の道に陥(おちい)ってしまった人々を救い出し、正しい教えに導いて菩薩の修行を教え示せますように。

《第十の大誓願》　人々が国王の権力に脅(おびや)かされ、牢獄に入れられたり処刑されたり、さまざまな災いに苦しめられ陥(おとしい)れられたとき、私の名号を聞いて私の福徳(ふくとく)の威力をもって、危難から逃れられますように。

《第十一の大誓願》　ある人が飢(う)えによって食べ物を探し求め、誤って罪を犯したとしても、私の名号を記憶すれば、美味しい食事でその者の空腹が満たされますように。

《第十二の大誓願》　ある人が貧しくて着る衣服がなく、昼夜、暑さ寒さに悩まされ、蚊や虻(あぶ)に刺されながらも、私の名号を記憶すれば、色とりどりの衣服や求めるものを持ってきて、

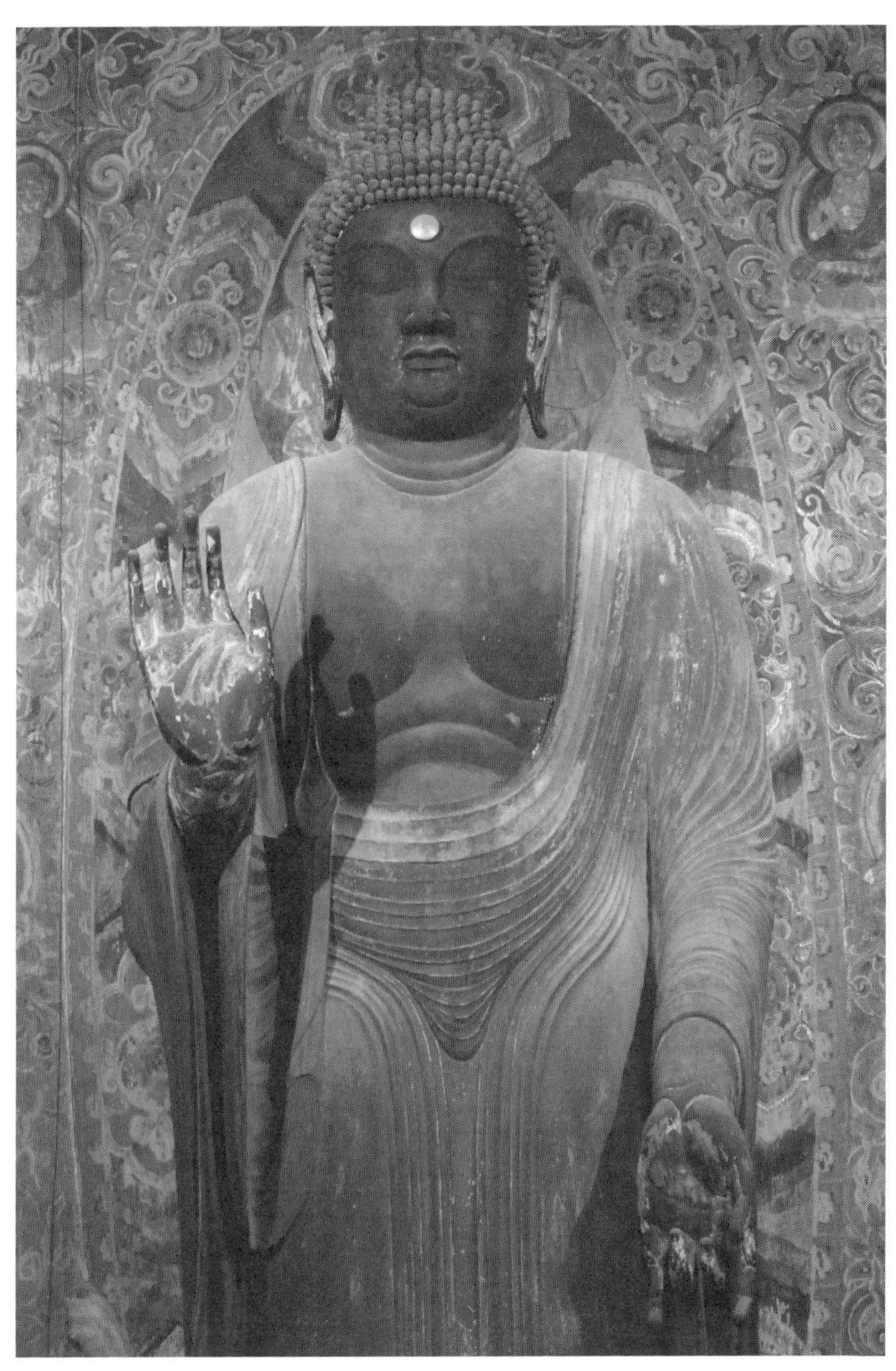

筆者が所属する大本山室生寺の金堂本尊・釈迦如来像（国宝、筆者撮影）。もともとは薬師如来像として造立されたもので、釈迦如来と薬師如来の近似性を感じさせられる奥深い像である。

望みを叶えてやれますように。また、いろいろな宝石やアクセサリー、香水や花飾りや髪油、歌や器楽の演奏や太鼓を鳴らして、すべての人々の願いが叶えられますように。

――以上の誓願が達成された結果、浄瑠璃世界は完成し、薬師は成仏して如来となったのです。従って、薬師の救済を願う人々は、この世から東方の浄瑠璃世界へ、死後に再生（往生）できれば救われることが約束されています。そのために大切なのは、信仰です。『薬師経』では「信仰によって、かの仏国土への往生を願うべきである」と説いています。

信仰は、善い果報を得る原因（善根）となる行為ですが、経では誓願の中にもしばしば出てくる、薬師の名（ナーマ）または名号（命名・ナーマデーヤ）に象徴化されています。その名号を聞くだけ、あるいは記憶するだけで、さまざまな恩恵が受けられるとしています。

▼浄瑠璃世界から現世利益へ

『薬師経』の後半は、薬師瑠璃光如来の名号を聞いたり、記憶したりする利益が浄瑠璃世界だけにとどまらず、現世においてもその効果と薬師の供養法によって発揮されることが説かれています。

＊敵対者から呪詛や迫害を受けても、決して生命が絶たれることはない。
＊無量寿如来が住する西方の極楽世界に往生したいと願う者は往生し、あるいは天上界に生まれる。
＊不慮の死に遭わない。さらには薬効のある真言（マントラ・オーシャディ）が処方される（経に真言は説かれないが、密教化の前兆）。
＊女性は分娩に際して安産で、子は障害もなく、美しく優れている。
＊病者が臨終に際し、薬師の供養によって蘇生する。
＊重病人を救うには、七体の薬師像を造る等の供養法で快復する。

薬師如来 よくある質問

加藤精純（かとうせいじゅん）
大正大学仏教学部専任講師
南蔵院副住職

Q．薬師如来とお釈迦さまの違いはあるの？

A．本質は何も違わない同じ仏さまです。

もともと、仏さまとはお釈迦さま一人でありました。実は、お釈迦さまの入滅（にゅうめつ）後、仏さまはお釈迦さま一人だけという時代から、仏さまがたくさんいらっしゃる時代へと移っていくことになります。

なぜ、多くの仏さまがあらわれたかというと、お釈迦さまは「私は仏法をただ見つけただけである」とおっしゃったからなのです。つまり、仏法とはもともと存在していたものであり、お釈迦さまはその仏法という真理をただ発見し、それによって悟りを開いて仏になることができただけだ、とおっしゃったのです。ですから、お釈迦さまが生まれるずっと以前にも、それを発見した仏さまがいたかもしれませんし、また、お釈迦さまの入滅後も、その境地に到達した仏さまがあらわれるかもしれない、ということになるのです。

こうした、お釈迦さまのとても謙虚な想いから、過去仏（かこぶつ）や未来仏（みらいぶつ）といった思想が生まれるようになったわけであります。お釈迦さまが生まれるずっと前に過去七仏（かこしちぶつ）がいたとされ、また、お釈迦さまが入滅してから五十六億七千万年後の未来には弥勒菩薩（みろくぼさつ）があらわれるということにもなりました。

こうして仏さまはお釈迦さま一人だけでなく、時代とともに、たくさんの仏さまがあらわれてきたというわけです。ですから、薬師如来も仏さまの中の一人ということになります。つまり、それは、それぞれに特有の素晴らしさを備えた仏さまがあらわれたということにも繋（つな）がります。力強く自らを律（りつ）し懸命に努力を継続してきた仏さまもいるでしょう。あるいは、長い長い修行を積んで体得した境地を自ら享受（きょうじゅ）するだけでなく他の人々にその功徳（くどく）を分けようとする仏さまもいることでしょう。前者の側面から眺めれば、それは仏陀（真理に目覚めたもの）と呼ばれるでしょうし、後者の側面を強調すれば、それは如来（仏さまの世界から私たちの世界に救済のためにわざわざ来てくれたもの）と呼ばれることでしょう。

これは仏さまの多種多様な素晴らしさをどの側面から見るかということですので、仏陀も如来ももちろん同じ存在であり、そしてお釈迦さまも薬師如来も本質は何も違わない同じ仏さまであると考えてよいと思います。

Q．薬師如来にも修行時代はあったの？

A．実は、ありました。

仏さまを目指して努力し続ける修行者のことを菩薩と言います。至高のガトーショコラを生み出すパティシエにも、お客さんの足にフィットした最高のモノ作りをする靴職人にも、必ず見習いや修行の期間があるように、仏陀や如来といった仏さまにも修行時代というものが必要なのです。よって、薬師如来にも当然、菩薩の時代があったということになります。

そして、この菩薩の中にもその努力が認められ次の生まれにおいて、とうとう仏さまになることが約束されているものも出てくるようになります。こうした立派な菩薩もいますので、私たちが菩薩に対しても、仏さま同様に、手を合わせ頭を垂れ礼拝しているのはとても自然なことだったのです。

こうした観点に立てば、薬師如来をはじめとする仏さまも菩薩たちも、実は本質的には同じであるということに私たちは気づかされます。ということは、私たちも努力を怠らなければ、もしかしたら薬師如来にほんの少しでも近づくことができるのかもしれないという前向きな想いが生じてきます。何か物足りなく感じていた日々にちょっとだけ勇気と希望が湧いてきます。仏教は暗く悲しいイメージがあると思われがちですが、実は、ポジティブで力強い教えなのです。

Q. 薬師如来がいらっしゃる場所はどこ？

A. 東方の瑠璃光世界です。

では、一体、薬師如来はどこにいらっしゃるのでしょうか？　たくさんの仏さまがあらわれるのであれば、そのあらわれる場所がどこであるか気になるところです。

たくさんの仏さまは一箇所に集まっていらっしゃるわけではありません。なぜなら、たくさんの人たちを余すところなく救済したいという願いをお持ちですから、あらゆる場所にいらっしゃるということになり、しかも、いらっしゃる方角や場所が一応決まっているのです。西方極楽浄土と、よく耳にいたしますが、西方には阿弥陀如来がいらっしゃいます。

薬師如来はどこかと申しますと、東方です。東方の彼方に瑠璃光と呼ばれる世界があり、薬師如来は、その瑠璃光世界の教主をなさっているというわけです。薬師如来の正式名称は、薬師瑠璃光如来と言いまして、実は、もともとお名前の中に、ご自分が住んでいる世界の名称が含まれているのです。

薬師如来は修行中の菩薩であったときに、十二の大きな誓願を立てました。その中の誓願の一つに、どんなに重い病気で苦しんでいる人たちがいても、その病気の原因を除き、病気からの苦しみを抑え、安楽を与えるであろう、というものがあります。この病気に関する誓願を立てたことから、特に、薬師如来と呼ばれるようになりました。また、瑠璃のように汚れなく輝いている自分の身体から発する光明を人々に照らして人々を安楽にさせたいという意味の誓願も立てていることから、瑠璃光の世界がどのようなものなのかも少しだけ想像することはできます。

こうしたお話は、『薬師瑠璃光如来本願功徳経』をはじめとするいくつかの「薬師経」と呼ばれるお経の中に説かれています。

ちなみに、薬師如来の脇侍に日光と月光の二人の菩薩がおられ、そのまわりを十二神将が守護しているということも、このような経典が根拠となっています。

Q．薬師如来が左手に載せているものは何？

A．薬の壺です。

たくさんの特徴をもった仏さまがあらわれるということは、それだけ私たちが様々な願いを抱いているからに他なりません。薬師如来はその名の通り、薬の師匠でありますから、薬師如来は左手に薬の壺を持っているのです。

治したい病気は、人それぞれたくさんあるでしょうし、そもそも病気の数も軽いものから重いものまでたくさんあります。ということは、薬師如来が持つ壺の中に入っている薬も多種多様な病気に効用のある成分が入っていないといけません。この薬壺に入っている薬は、ありとあらゆる病苦のつらさを癒(いや)し、万病に効くものであり、しかも、使っても使っても尽きることがなく、次から次へと溢(あふ)れ出てくると信じられています。

ちなみに、奈良時代末期以前の薬師如来には薬壺を持っていないものもあり、釈迦如来＝お釈迦さまと同じ手の形をしていて、見分けがつきにくい場合があります。このことからも、前に申し上げましたように、お釈迦さまも薬師如来もその本質は変わらないということが言えると思います。細かい差異はあるかもしれないけれど、たくさんの仏さまは、私たちに安らぎと癒しを与え続けてくれているのです。

Q．薬師如来のご真言の「コロコロ」とは、病気がコロッと治るという意味？

A．厳密にはそうではありませんが、心を込めてお唱えすることこそが大切です。

真言(しんごん)とは、その文字通り、真実の言葉という意味であり、呪(しゅ)とも言います。それは、真実を語ることであり、あるいは、真実を誓うことと言ってもよいでしょう。

たくさんの仏さまはそれぞれに特有の素晴らしさがあるので、その特有の働きをあらわし示す真実の言葉がそれぞれの如来、菩薩に配当されているというわけです。

薬師如来のご真言は、

「オン　コロコロ　センダリ　マトウギ　ソワカ」

です。このご真言の中に、「コロコロ」という言葉が出てきます。ご真言を現代語訳するなどというのはとても恐れおおいことですが、この「コロコロ」の部分だけを敢えて和訳すれば、「除きたまえ、除きたまえ」というような意味になると思われます。私たちの病苦をどうか除去して欲しいという願いが、このご真言に込められているのです。

もし、このご真言の意味を何十年もの長い間、コロッと治ることだと思い信じていたお婆さんがいたとしましょう。このお婆さんはずっとずっとこのご真言を心を込めて唱えてきたはずです。では、このお婆さんは何十年も間違えて、ご真言を唱え続けていたと言えるでしょうか。お婆さんがコロッと治るという意味で唱えていようと、古代インド語に精通している仏教学者が忠実に訳し唱えていようと、そのご真言の効力はまったく同じであると私は思います。当然のことですが、何よりも何よりも、唱えるときの心が大切だからです。そのお婆さんは安心してよいのです。薬師如来はすべてわかっていらっしゃいます。

Q．薬師如来は、病気の人にしか御利益はないの？

A．あらゆる人に御利益があります。

薬師如来とはその名の通り、薬の師匠つまり医者のような働きをもつ仏さまということです。ですから、病気の人にとって大きな御利益があることに、もちろん間違いはありません。

ここで、私たちにとって身近な話を例にとってみましょう。俺は生まれてこのかた風邪ひとつ引いたことはない、病院など生涯無縁だ！　と豪語する人がいるとしましょう。確かに身体的には元気なのかもしれませんが、そういう人でも、ひょっとすると、心が風邪を引いているかもしれません。どんなに腹筋がくっきりと六つに割れていようとも、どんなに上腕二頭筋が流麗に発達していようとも、屈強な精神をも有し、心の奥の奥までしっかりと鍛えられているとは限りません。毎日毎日、ちょっとしたことで悩んでみたり、あるいは、少しだけ頑張ってみたり、でもやっぱりくよくよしてみたり、いつも落ち着くことのない自らの心とともに何とかその日その日を辛抱強く耐えながら、ささやかな幸せを願いつつ、また訪れる明日を静かに待っている、実はそのような人が多いのではないでしょうか。

人はそれほど強い存在ではありません。このように考えてみますと、自分が病気であるとか病気でないとか、もはや明確にわかったものではありません。そんな私たちを余すところなく、薬師如来は慈（いつく）しみに満ちた眼差（まなざ）しで、いつも温かく包み込んでくれることでしょう。薬師如来をはじめとする仏さまの世界とは、私たちが想像しているよりもっともっとはるかに深遠で広大なものだと言われています。

心が風邪を引いたと感じたら、薬師如来の前で手を合わせてみませんか。

日本人と薬師如来

兵庫教育大学非常勤講師
御影史学研究会理事
西尾　正仁

▼日本仏教黎明期の主役

薬師如来はその仏名と、薬壺をもつ尊容から、医薬に関わる仏として、日本に仏教が伝来して間もない時期より信仰を集めてきました。聖徳太子は、父用明天皇の遺命により薬師仏を造像し、法隆寺におさめました。

天武天皇は、皇后（後の持統天皇）の病気平癒を願い薬師寺を建立しました。造営を担う「造薬師寺司」という官職が置かれたことから、この寺が最も早い時期の官立寺院であったことがわ

【参考写真①】
豊後国分寺（大分市）の薬師如来像

かります。そして、天平十三年（七四一）の聖武天皇の詔勅により諸国（日本の各地）に建立された国分寺の本尊には薬師如来が多く選ばれ（参考写真①）、中央集権体制を仏教で支える国家仏教政策の中心に薬師如来が据えられました。

官立寺院に籍を置く官僧の中には、修行の一環として山に入る者がいました。彼らは、国家鎮護と自らの身体護持をたのむ仏として薬師像や観音像を祀りました。若き最澄が自ら刻んだ薬師像を安置して建てた比叡山の小堂が、延暦寺根本中堂の始まりであり、また、留学僧として唐に渡る折にも航海の無事を祈り、薬師仏を造像したと伝えられています。

▼薬師悔過

天平十七年（七四五）、聖武天皇の病気回復を願って、畿内の諸寺・名山で「薬師悔過」が行われました。悔過とは仏に罪過を悔い改めて、その報いを避け、福徳を得ようとする修法で、本尊により吉祥天悔過や観音悔過などがあります。なかでも、薬師悔過は格別で、桓武天皇が病の折には諸国国分寺で一斉に実施されました。天皇の容態が国家の大事ということで、国を挙げて修せられたわけですが、この修法を通じて、人々は天皇を中心とする国家を強く意識することにもなったのです。

また、天長四年（八二七）には、平安新都に新たに建立された官立寺院、東・西二寺で修正会の法要として薬師悔過が修されました。修正会とは、寺院で年初を祝い、国家安穏・五穀豊穣なども祈願する法会で、この時の薬師悔過が修正会の最初ともいわれています。そして、仁明天皇（在位八三三〜八五〇）の時代には、疫病対策として験力に優れた僧が動員され、国分寺で薬師悔過が何度も修せられ、薬師信仰はピークを迎えました。

その後、律令体制の動揺に伴い、国家行事としての薬師悔過は次第に姿を消しましたが、各寺院では修正会や修二会の修法として続けられました。都では、貴族が私財を投じて費用を賄いましたが、地方では在地の人々が法会を支えました。村内の豊作や安穏を期して、村人が当番を決め、潔斎して、掛餅や造花などの供物を用意し、法会を維持するための田地を寄進しました。畿内で広くみられるオコナイとよばれる民俗行事はこうした修正会の奉仕が残存したものといわれています。

修正会の結願に鬼が登場する行事も日本各地にみられますが、これも院政時代から千年近く続けられてきた行事です。旧暦の正月に登場するこの鬼は、節分同様、災異の象徴として追われることもありますが、北九州各地でおこなわれている修正鬼会に登場する鬼は村人に祥福をもたらす祖先神であるといい、兵庫県西部で盛んな鬼踊りでは姿の見えない災悪を追い払う存在であると信じられています。すると、これらの鬼はユネスコの無形文化遺産に登録された来訪神の系譜を引くものといえます。

年初にあたり、除災と豊作を願う村人の思いが修正会を支え、その本尊である薬師如来への信仰を深めていったのです。

▼薬師如来と温泉

日本各地の温泉には、守護仏として薬師如来が祀られています。これは、鎌倉初期に創られた、行基と有馬温泉（神戸市北区）をめぐる物語から始まりました。鎌倉時代の説話集『古今著聞

【参考写真②】
有馬温泉寺（神戸市）の薬師如来像

集』には、奈良時代の僧行基が有馬温泉に向かう山中で病者に変じた生身の薬師如来と出会い、深く帰依して、寺院を建立し薬師像を安置したとあります（参考写真②）。有馬は大化以前から世に知られ、天皇の行幸を得た日本で最も古い温泉ですが、薬師との関係を説くようになるのは、この時が初めてです。

この時期は源平の争乱で荒廃した東大寺を再興するために勧進聖が活躍した時代でした。能や歌舞伎で知られる『勧進帳』も彼らの活躍を下敷きにした演目です。勧進聖は東大寺創建に尽力した行基に自分たちをなぞらえ、活動しました。一方、有馬温泉には、貴族や高僧らが湯治に多数訪れており、彼らを対象に勧進を行ったり、湯宿を提供したりする僧尼が集まってきました。両者の交流の中で、行基による開湯の物語が醸成されたのです。

【参考写真③】城崎温泉（兵庫県豊岡市）の薬師堂に奉納された杖

やがて、この物語は全国の温泉に広まりました。群馬の草津では、この地を訪れた行基が錫杖を突き立てたところ湯が湧き出し、村人に湯治の作法を教え、寺を建立し、薬師像を造立

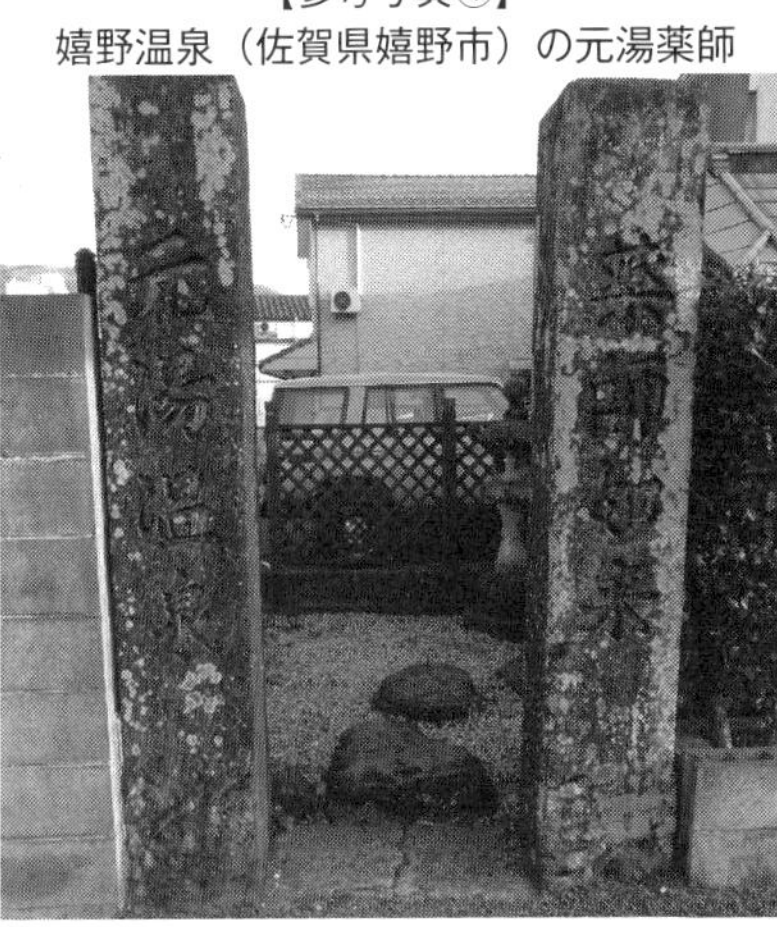

【参考写真④】
嬉野温泉（佐賀県嬉野市）の元湯薬師

したといいます。宮城の作並、福島の東山、石川の山中など、地域を代表する温泉で行基による開湯と薬師造立を主張するようになりました。

この薬師に、地元の人々は温泉の守護と繁栄を願い、湯治に訪れた湯客は健康と病気からの回復を祈りました。この過程を通して薬師如来は他の神仏と区別され、温泉の守護仏としての地位を確立し、やがて行基による開湯伝説をもたない温泉でも薬師を守護仏として祀るようになりました。但馬の名湯城崎温泉（兵庫県豊岡市）の温泉寺の本尊は観音菩薩ですが、湯客らは麓の薬師堂にお参りし、足腰の回復を感謝して杖を奉納しています（参考写真③）。『出雲風土記』に紹介されている玉造温泉（島根県松江市）の川辺出湯口でも小さな祠を建てて、薬師を祀っています。

温泉街の片隅の祠に薬師の小仏を祀る例は枚挙にいとまがありません（参考写真④）。鎌倉時代以降、薬師如来を本尊とする大寺院が新たに建立されることは少なくなりましたが、小さな物語をきっかけにして、日本の津々浦々にまで薬師信仰は浸透していったのです。

▼薬師如来と女性

有馬には平安の女流歌人である和泉式部の来湯伝説も伝わっています。式部が有馬の湯につかろうと、温泉寺に詣でたところ、にわかに月の障りがあり、

　もとよりもちりにまじわるわれなれば
　　月のさわりになるぞ悲しき

と詠んだところ、奥より声があって、

　もとよりもちりのうきみの娑婆なれば
　　月のさわりも何かくるしき

と本尊の薬師如来が返したといいます。血の穢れが殊更に言われていた時代に、障りないと応えた薬師の功徳が頼もしい物語です。

薬師と和泉式部の歌物語は他の地にも伝わっています。日向の法華嶽薬師寺（宮崎県国富町）では、病気平癒を祈願して式部がはるばる訪れましたが、数年の参籠も効なく、

南無薬師諸病悉除の願たてて
　身より仏の名こそおしけれ

と詠んで、千尋の谷に飛び降りようとしたところ、薬師如来が現れて、

村雨はたゞひと時のものぞかし
　おのが蓑笠そこにぬぎおけ

と詠ぜられ、病が消え失せたと伝えています。

式部を薬師の申し子とする伝説もあります。佐賀県白石町の福泉禅寺では、本尊の薬師に近郷の大黒丸夫婦が一女子を願い、得た娘が後の和泉式部であったといいます。

薬師如来の申し子といえば浄瑠璃御前が有名です。東海道矢作宿（現愛知県岡崎市）の兼高長者が三河鳳来寺の峯の薬師から授かった娘は薬師瑠璃光如来の仏名にあやかって浄瑠璃御前と名付けられました。この娘と源義経の恋物語が浄瑠璃十二段草紙です。この物語が三味線の伴奏に合わせて語られ評判をとったことから、三味線を伴う音曲を浄瑠璃とよぶようになりました。民俗学者の柳田國男は、薬師と女性をめぐる物語が、近世初頭に活躍した歌比丘尼とよば

れた女性宗教者によって管理されたと述べています（「和泉式部の足袋」）。

平安前期の説話集『日本霊異記』には薬師の功徳による病気治癒の説話が二話見られますが、主人公はいずれも女性です。父菅原孝標の任官にしたがって上総国（現千葉県中部）で育った娘は、源氏物語を読みたいと願い、等身の薬師像を造りました。歴代の中宮の安産祈願のために七仏薬師法が実施されました。このように、古代から薬師と女性のつながりは深く、こうした信仰基盤の上に先のような物語が創られたのでしょう。

▼村の薬師堂

村を歩いていますと、無住の小さな薬師堂をよく見かけます。起源は意外に古く、『日本霊異記』には駿河国鵜田里（現静岡県島田市）に、大井川の川底から発見された薬師像を旅の僧が村人たちの援助を受けて堂舎を建てて祀ったとみえます。

また、鎌倉から室町時代に在地を支配していた武士の建てた寺院が、その没落や移転によって廃寺となった後も、村人によって守り続けられる例もあります。広島県北広島町の古保利薬師や島根県出雲市の大寺薬師のような優れた仏像が今に残るのもこのお陰です。

また、東北地方を中心に、山中に祀られていた薬師仏を村人や里修験が麓の村に移した場合も

【参考写真⑤】
眼病治癒祈願のための「め」の奉納額

あります。日本三大峯薬師の一つ新潟県の米山薬師は、夏の間山頂で祀られていますが、冬には麓の仮堂に移されます。これは、村に降ろされる中間形態といえます。

こうした薬師堂では、縁日にあたる毎月八日に信者らが集い、薬師をお祀りし、茶菓子を持ち寄って歓談して過ごしました。治病などの願を立てた人は、仏の装具を寄進したり、願い事を紙や絵馬に書いて奉納したり、堂に籠ったりしました。

また、母乳が出るようにと乳房を模った絵馬や、耳が良くなるようにと穴のあいた川原石（耳石といいます）を薬師堂の格子に結びつけたり、眼病治癒を祈願して「め」の字を書き連ねた書き物を納めたりする風習（参考写真⑤）が江戸時代中期以降流行しました。

そして、霊験あらたかと評判になれば、遠方からも参拝者が訪れたりしますが、元々は村里で在家の村人たちによって慎ましく守られてきたのです。

▼薬師神社

薬師堂に鳥居を建て、注連縄を廻して「薬師神社」と称する社が東北から新潟にかけてみられます（参考写真⑥）。そのほとんどは、慶応四年（一八六八）に出された神仏分離令以降に神社に改められたもので、江戸時代には薬師を祀る仏堂でした。そのまま薬師堂として守り続けた村も多かったのですが、わざわざ神社局に届け出て、神社としたのです（ちなみに、薬師を「くすし」と読み替え「久須志」などの字をあてる例もあります）。

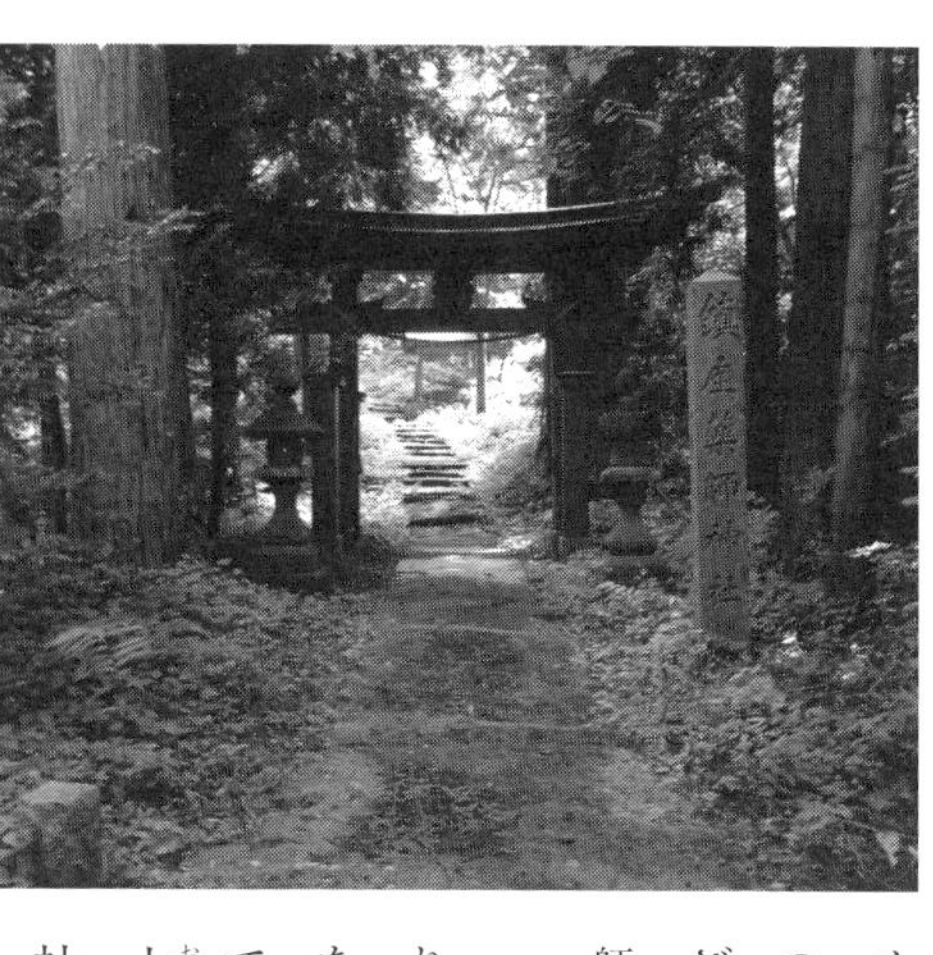

【参考写真⑥】山形県鶴岡市の薬師神社

というのも、東北では、仏を神のように祀る習俗がありました。江戸時代後期に東北を旅した菅江真澄は「仏をなべて神と祭る、みちのおくのならわし」と書き記しています。特に、薬師如来にはその傾向が強く、祭神を大巳貴命・少彦名命としたうえで、江戸時代から薬師神社として祭祀していた例を棟札などから確認することができます。

このため、村人たちは近代になっても仏堂ではなく、神社として存続させようと考え、大己貴命・少彦名命を祭神として薬師神社となりました。『延喜式』に大洗磯前薬師菩薩明神社（茨城県大洗町）という社名が見えることから、神仏分離を指導した新政府の神祇官僚が薬師神社の社名を認めたことも、この動きを後押ししました。

▼まとめ

古代に信仰のピークを迎えた薬師如来は、仏教が内省の度合いを深めるなかで、現世利益の仏として取り残されていきました。

その一方で、修正会の本尊や温泉の守護仏として民衆の暮らしの中に入り込み、村の薬師堂や山中の堂舎、温泉の祠などに祀られました。それを、在家の村人や下級の宗教者が支えている所に、薬師信仰の力強さを感じます。

仏教民俗学の五来重は庶民信仰の中にこそ薬師信仰の本質があると説いています（『薬師信仰』）。もう一つの神仏習合ともいうべき流れを薬師信仰は色濃く伝えているのです。

（本稿中の写真はすべて筆者撮影）

『薬師経』講話

法相宗大本山薬師寺録事
加藤大覺

▼はじめに

薬師如来さまは身心の健康を護る仏さまとして、日本中で広く信仰されています。薬師寺や薬師院など寺名に薬師と付く寺院は二百六十を数え、薬師如来さまを本尊とする寺院だけでも五百を超えるといいます。

日本では玄奘三蔵が翻訳した『薬師瑠璃光如来本願功徳経』、通称『薬師経』が、薬師如来さまのお経として知られています。

『薬師経』を読むと、薬師如来さまが我々に種々のご利益を与えて下さることが述べられています。しかし、『薬師経』が説かれた時代背景によって現代の表現に合わない部分が多くあります。その一つは、第八大願の「転女成男」です。「女性は男性に転じ悟りを得られるようにしたい」とあり、「女性は成仏できないのか、女性差別だ」と感じるかもしれません。

仏教経典の中でも初期のものと分類される『玉耶経』には、女性に強いられることとして、

①生まれた時から男児ほどに喜ばれない／②男児を育てるほど興味をかけられない／③男以上に遠慮気兼ねをしなければならない／④年ごろになれば、縁談で親に心配をかける／⑤両親のもとで暮らせない／⑥嫁いだ先で夫に気遣いをしなければならない／⑦妊娠出産の苦労がある／⑧幼少の時には両親の厄介になる／⑨嫁いでは夫に従わなければならない／⑩老後は子に従わなければならない

としています。しかし、これらは当時のインドでの女性の有り様をそのまま記したものと考えられ、「仏教において女性はかくあるべき」と説いたものではありません（『玉耶経』では心美しい生き方をすることで、夫婦の和合と一族の繁栄を得ることができると説きます）。

もう一つは、第六大願にある「身体が不自由な方の（中略）身体の働きが整う」というところです。『薬師経』が完成した時代は正確にはわかりませんが、二千年程前のインドと考えられていま

す。現代の日本人の感覚で読めば差別的と感じるかもしれませんが、これは苦を強いられている人々にとっては救いとして受け取られたことでしょう。

仏教は誰をも差別するものではありません。現代の表現に合わない部分に注目しすぎると、真の教えを見逃しかねません。

これらを踏まえ、できるだけ現代に即した形で現代語訳を試みました。

筆者が所属する奈良・薬師寺（法相宗大本山）では、『薬師経』を毎朝の勤行や毎月八日の薬師縁日で読誦します。『薬師経』は全体で三千文字を超える長いお経ですが、主に「薬師如来の十二大願」の部分だけを読誦します。省略する前後の部分にも種々の教えが説かれていますが、拙稿でも十二大願の部分を取り上げます。

十二大願は、薬師如来さまが如来になる前の菩薩の時代に、修行をするにあたり「もし自分が如来になった時にはこんなことができるようになりたい」と願われたものです。その第七大願には、

「私（薬師如来）の名前を一度聞くことで、病が除かれ、身心安楽になる」

とあります。薬師如来さまが身心の健康を護る仏さまと言われる所以です。

拙稿では『薬師経』の原文・現代語訳・解説を通して、薬師信仰の心得や向き合い方について述べさせていただきたいと思います。

——では、まず『薬師経』の原文と現代語訳を見ていきましょう。

……○……○……○……

【原文】

薬師瑠璃光如来本願功徳経

大唐三蔵法師玄奘奉詔訳

仏告曼殊室利。東方去此過十殑伽沙等仏土。有世界名浄瑠璃。仏号薬師瑠璃光如来。応正等覚明行円満善逝世間解無上士調御丈夫天人師仏薄伽梵。曼殊室利。彼世尊薬師瑠璃光如来。本行

【現代語訳】

『薬師瑠璃光如来本願功徳経（薬師経）』

お釈迦さまは曼殊室利（文殊菩薩）に告げた。東方のここから十殑伽沙先に浄瑠璃浄土という、仏の住む世界がある。そこには薬師瑠璃光如来がいて、応正等覚・明行円満・善逝・世間解・無上士・調御丈夫・天人師・仏・薄伽梵などとも号される。曼殊室利よ、薬師瑠璃光如来は以前菩薩として修行していた際に、様々な人々が求めることを全て叶え

菩薩道時発十二大願。令諸有情所求皆得。

第一大願。願我来世得阿耨多羅三藐三菩提時。自身光明熾然。照曜無量無数無辺世界。以三十二大丈夫相八十随形荘厳其身。令一切有情如我無異。

第二大願。願我来世得菩提時。身如瑠璃内外明徹浄無瑕穢。光明広大功徳巍巍。身善安住焔網荘厳過於日月。幽冥衆生悉蒙開暁。随意所趣作諸事業。

第三大願。願我来世得菩提時。以無量無辺智慧方便。令諸有情皆得無尽。所受用物。莫令衆生有所乏少。

第四大願。願我来世得菩提時。若諸

られるようにと、十二の大いなる願いを起こした。

第一大願は、願わくば私が来世に悟りを得たならば、私の身体から放たれる光明の輝きが、無量・無数・無辺の世界を照らし、三十二相八十種好をそなえて、全ての生き物も私と同じような姿に恵まれるようにしたい。

第二大願は、願わくば私が来世に悟りを得たならば、身体は瑠璃（ラピスラズリ）のようで身体も心も一点の曇り無く光輝き、徳を具え高大でありたい。網の目のような一面の光の輝きが太陽も月も超え、暗い世界に暮らす人々の身心を照らし、様々な働きが思うがままにできるようにしたい。

第三大願は、願わくば私が来世に悟りを得たならば、無量、無辺の智慧と方便によって、人々が欲するものを得られるようにして、身心ともに不自由の無いようにしたい。

第四大願は、願わくば私が来世に悟りを得たなら

有情行邪道者。悉令安住菩提道中。若行声聞独覚乗者。皆以大乗而安立之。

第五大願。願我来世得菩提時。若有無量無辺有情。於我法中修行梵行。一切皆令得不欠戒具三聚戒。設有毀犯聞我名已。還得清浄不堕悪趣。

第六大願。願我来世得菩提時。若諸有情。其身下劣諸根不具。醜陋頑愚盲聾瘖瘂攣躄背僂白癩癲狂種種病苦。聞我名已一切皆得端正黠慧。諸根完具無諸疾苦。

第七大願。願我来世得菩提時。若諸有情。衆病逼切無救無帰無医無薬無親無家貧窮多苦。我之名号一経其耳。衆

ば、人々が誤った道に行ってしまったら悟りを開くための道に安住させたい。自分の悟りだけを求めるものは他者をも救う大乗の道の素晴らしさに目覚めさせてあげたい。

第五大願は、願わくば私が来世に悟りを得たならば、沢山の人々の中で私を信じ修行するものがいれば、戒を守って悟りのための修行をし、他の者を導くことができるようにしたい。もし戒を破るようなことがあっても、私の名前を聞くことで、迷いの道に落ち込んでしまわないようにしたい。

第六大願は、願わくば私が来世に悟りを得たならば、もし人々で生まれつき身体が不自由であったり、難病で苦しんでいても、私の名前を聞くことで、身体の働きが整い、智慧がそなわり、様々な苦しみが無くなるようにしたい。

第七大願は、願わくば私が来世に悟りを得たならば、もし人々が病気に苦しみ、救いも、頼りも、医者も、

病悉除身心安楽。家属資具悉皆具足。乃至証得無上菩提。

第八大願。願我来世得菩提時。若有女人。為女百悪之所逼悩。極生厭離願捨女身。聞我名已一切皆得転女成男具丈夫相。乃至証得無上菩提。

第九大願。願我来世得菩提時。令諸有情。出魔羂網。解脱一切外道纒縛。若堕種種悪見稠林。皆当引摂置於正見。漸令修習諸菩薩行速証無上正等菩提。

第十大願。願我来世得菩提時。若諸有情。王法所加縛録。鞭撻繫閉牢獄或当刑戮。及余無量災難凌辱悲愁煎迫。身心受苦。若聞我名。以我福徳威神力

薬も、親も、家も無く、困窮して苦しみが多いなら、私の名前を一度聞くことで、病が除かれ、身心安楽になり、家財や道具が豊かになり、最高の悟りを得られるようにしたい。

第八大願は、願わくば私が来世に悟りを得たならば、もし女性の中で女性特有の苦しみによって女性の身を離れたいと苦悩するものがいれば、私の名前を聞くことで、性別にこだわらない生き方に目覚め、悟りを得られるようにしたい。

第九大願は、願わくば私が来世に悟りを得たならば、もし人々が互いに修行を妨げていても、そのとらわれの網から解き放ちたい。もし偏見の林に迷っていても、正しい見方に導き、速やかに悟りを得られるようにしたい。

第十大願は、願わくば私が来世に悟りを得たならば、もし人々が圧政や悪政により不当に投獄されたり、罰せられたりして、刑に処され苦しみを受けた

故。皆得解脱一切憂苦。

第十一大願。願我来世得菩提時。若諸有情。飢渇所悩。為求食故造諸悪業。得聞我名専念受持。我当先以上妙飲食飽足其身。後以法味。畢竟安楽而建立之。

第十二大願。願我来世得菩提時。若諸有情。貧無衣服。蚊蝱寒熱昼夜逼悩。若聞我名専念受持。如其所好即得種種上妙衣服。亦得一切宝荘厳具華鬘塗香鼓楽衆伎。随心所翫皆令満足。

曼殊室利。是為彼世尊薬師瑠璃光如来応正等覚行菩薩道時所発十二微妙上願。


としても、私の名前を聞けば私の偉大な福徳の力で苦しみから解き放ちたい。

第十一大願は、願わくば私が来世に悟りを得たならば、もし人々が飢え渇きに苦しみ、食を得るために悪いことをしても、私の名前を聞き仏の教えを守るならば、まず素晴らしい食物を与え満足させてあげたい、その上で真理によって、心も安楽になり迷わないようにしたい。

第十二大願は、願わくば私が来世に悟りを得たならば、もし人々が貧しくて衣服がなく、蚊やアブや暑さ寒さに苦しめられても、私の名前を聞くことに専念し、仏の教えを守るならば、好む最上の衣服を得て、飾り物や華鬘や塗香、音楽や踊りで心も十分に満足するようにしたい。

曼殊室利よ。これらが薬師瑠璃光如来が菩薩として修行している時に起こした人々を導くための十二の大いなる願いである。

――以上、『薬師経』の原文と現代語訳でした。

次に、『薬師経』の教えについて、解説してまいります。

▼『薬師経』との向き合い方

現代の日本人は、『薬師経』や薬師如来さまと、どのように向き合えば良いのでしょうか。

仏教の教えの基本に「因・縁・果」が有ります。原因に対して縁（働きかけ）があり、結果がもたらされます。花の種（因）があっても、地面や水や太陽（縁）が無ければ花（果）は咲きません。

『薬師経』の十二大願は、上図のようなパターンになっています。

薬師如来さまは健康の仏さまなので、健康祈願をするのは当たり前の信仰の仕方だと思います。しかし、健康を得るのは最終目的ではなく、私たちが悟りを開くための、薬師如来さまからの働き

『薬師経』の十二大願

因
・人々が苦しんでいる場合
・人々が苦しんでいることに気づいていない場合

縁
薬師如来が
物質的な願いを叶えることで
修行の手助けをすることで

果
・精神的な喜びを得る
・悟りを開く

かけなのです。

▼薬師如来との向き合い方

これを踏まえ、薬師如来さまの存在はどのように位置づけられるでしょうか。

二千年前には現代のような医療はなく、病気に対する治療にも限界がありました。今では治療できる病気でも命を落としてしまうような時代に、『薬師経』に「薬師如来は身心の病苦から救ってくれる」と説かれたことは、非常に大きな意味があったと想像できます。

現代は様々な病気の原因がわかってきていて、それに対する治療方法も解明が進んできています。この数十年の医療の発展はまさに飛躍的です。

それでもやはり薬師如来さまの前に立つと、「健康でありますように」と祈りたくなります。どんなに医療が発展しても、薬師如来さまの存在は必要なのです。薬師如来さまに心から「健康でありますように」と祈ることで、私達は安心を得(え)、それが悟りへの入り口となるのです。

▼いま健康な方の向き合い方

医療を充分に受けることができ、自分はいま健康だと思う方は、仏さまにお願いしても意味がない、ご利益が感じられないと思うかもしれません。

メジャーリーグで新人王に選ばれた大谷翔平選手は、投手として時速165キロの球速を誇る選手です。そんな大谷選手とキャッチボールするチャンスがあったとしましょう。大谷選手は165キロの球を投げてくれるでしょうか……。仮に165キロの球が飛んできたら、素人は間違いなく怪我をします。大谷選手が165キロの球を投げられるのは、キャッチャーも超一流である場合だけです。

私達の願いを仏さまが叶えてあげようと思っても、私達の努力が足りなければ叶いません。真冬に薄着で「健康でありますように」と祈っても風邪を引くのと同じです。しかし、私達は、自分を顧みず「ご利益がない」と心の病＝煩悩の苦しみに陥ってしまいます。

健康という言葉は「健体康心」の略語です。薬師如来さまの前で手を合わせ日頃の生活を確認することで、身心ともに調った、より良い生き方を目指してみてはいかがでしょうか。

▼病を得て苦しんでいる方の向き合い方

医療の発達した現代ですが人間の命には限りがあります。

仏教ではもともと一切皆苦——全てのものは苦しみであるとし、生・老・病・死の四苦がその代表で、人としての生を受けると、老・病・死はどれも避けようがないと説きます。

しかし、敢えて『薬師経』には「病が除かれ、身心安楽になる」と説きました。

病を受け入れ、それを苦と感じないよう前向きに生きることが病苦を脱することであり、『薬師経』の説く「最高の悟り」だと筆者は考えます。

しかし、病を得ながら前向きに生きるなど簡単なことではありません。薬師如来さまはまず、「治ることを信じ、生きること」を「救い」として与えて下さいます。

病を得てもなお、前向きに生きようと努力することが、薬師如来さまの「大いなる願い」なのではないでしょうか。

薬師如来とその仲間たち

東京国立博物館研究員
西木政統（にしきまさのり）

▼『薬師経』に描かれる姿

病を癒（いや）す仏として親しまれてきた薬師如来ですが、寺院に参拝すると目に入るのは薬師如来の姿だけではありません。その左右には日光菩薩（にっこうぼさつ）と月光菩薩（がっこうぼさつ）が並び、さらに十二神将（じゅうにしんしょう）がいることも。なぜ彼らがセットなのか、そしてどのような役割があるのでしょうか。それを知るために、まずは薬師如来について説かれた経典（以下、『薬師経』）を見てみましょう。

他の多くの経典と同じく、『薬師経』も釈迦の説法を記録したものとされています。釈迦が文（もん）

殊菩薩に対して、東方には浄瑠璃浄土と呼ばれる世界があり、その主は薬師如来であると説きます。薬師如来は、まだ修行中の菩薩の身分であった時に、十二の願いを起こしたといいます。願いの内容は省略しますが、薬師浄土について説明が続きます。そこは地面が瑠璃（ラピスラズリ）で出来ており、道は金で縁取られます。金銀など七宝で彩られた宮殿の描写からは、絢爛な様子が目に浮かびます。

ここでようやく、薬師浄土の住人として日光菩薩と月光菩薩の紹介がありますが、無数にいる菩薩のトップであり、薬師如来の正しい教えを伝えるというのみで、詳しくは触れられません。そして、人々がこの薬師浄土に生まれ変わることを勧め、薬師信仰の功徳と、その供養の方法が説かれます。最後に、釈迦の説法を聴聞していた十二人の薬叉大将（＝十二神将）が登場し、薬師如来を信じる人々を護るという誓いを立てます。これは十二神将が声を揃えて宣誓する重要な場面なので、少し長いですが引用します。

「世尊、われわれは仏の御威光を蒙って、かの尊き薬師瑠璃光如来の名号を聴くことができました。われわれには、もはや、悪道に堕ちる怖れはありません。ですから、われわれは心をあわせて、一生のあいだ、仏に帰依し、僧の集団に帰依して、すべての衆生の利益と幸福と安楽のために務めましょう。いずれかの村落において、あるいは都市・集落または荒野において、特にこの経典を説き、あるいはかの尊き薬師瑠璃光如来の名号を捧持し、この仏に供養し捧侍する人があれば、世尊よ、その人をわれわれは守護し、あらゆる不祥事から脱れさせ、あらゆる願望を遂げさせてやりましょう」（岩本裕訳「薬師如来本願経」『大乗経典（四）』〔『仏教聖典選』六〕読売新聞社、一九七四年、二〇〇頁）

十二神将は薬師如来のボディガードというイメージがありますが、薬師如来を信じるわれわれのボディガードといった方が正しいかもしれません。

▼太陽と月、薬師如来との関係――日光・月光菩薩

では、薬師浄土において菩薩たちの筆頭に挙げられる日光菩薩、月光菩薩とはどういう仏でしょうか。さきほど見たとおり、『薬師経』に詳しい解説はありませんでしたが、これは薬師如来も同様です。その具体的な姿について経典には記されません。薬師如来のトレードマークともいえる、薬壺すら経典には言及されず、あくまで後世普及した特徴にすぎません。当初、釈迦如来の姿が参考にされたようですが、地域によって鉢や壺、また錫杖などを持たせたものが、薬師如来の姿として定着しました。そのため、古代の薬師像には、薬壺を持たないものもあります。

日光・月光菩薩についても、『薬師経』には姿形の規定がないため、古代においては特色のあ

る像は造られませんでした。しかし、その名前から想起されるように、太陽と月を象徴した持物（じもつ）、日輪（にちりん）と月輪（がちりん）を手にするようになります。さらに日光菩薩の身色は赤く、月光菩薩の身色は白いと考えられました。持物と同様に、日月が対照されているのでしょう。中世以降の遺品では、日光菩薩は日輪を載せた蓮華を、月光菩薩は月輪を載せた蓮華を持つように表わされます。

このように、薬師如来との関わりで日月が登場するのは、唐突な話ではありません。そもそも、薬師如来自身、北斗七星や北辰（ほくしん）（北極星）と同一視されることがありました。たとえば、『薬師経』に説かれる薬師如来の供養方法には、「七体の薬師像を祀（まつ）れ」という指示があり、これを強調した漢訳によって広まったのが七仏薬師（しちぶつやくし）信仰です。インドにおいて「七」という数そのものは、不滅や完全性、無限性といった観念と結びついていましたが、明確な根拠は知られません。ただし、中国では明らかに北斗七星と七仏薬師を対応させており、北斗七星に日月を加えて「北斗九星」と捉える認識すらあったようです。薬師如来と日月が結びつく条件は整っていました。

さらに興味深いのは、インドにおいて太陽と月は、方位との関連でも登場することです。古来、東南西北を基本とする八方位に、天地をあわせた十方があらゆる方角と捉えられていました。それぞれの方角に対応する護法天をあて、さらに太陽と月を象徴する日天と月天を加えたのが、いわゆる十二天でした。まさにあらゆる方位、昼夜を問わず護ってくれるとすれば、頼もしいことこの上ありません。そこで注目すべきは、十二神将です。

▼精霊から時の守護神へ――十二神将

薬師如来の眷属とされる十二神将は、薬叉神の大将です。薬叉とは、インドでヤクシャと呼ばれる精霊のような存在で、仏教以前から地域で信仰された樹木に宿る神々でもありました。『薬師経』では、十二人の名前が挙げられますが、それぞれが七千もの薬叉を配下に従えるとありま す。十二という数からは十二支が想起されますが、おおもとの『薬師経』には一切そのことが見えず、中国で一般化した考えのようです。原典に出てくる十二神将のサンスクリット語名と、一般的な漢訳名および十二支との対応について、表にまとめたのでご参照ください（次ページ表）。

十二支は、古代中国で時を表記するのに用いられました。これに動物をあてる考えはすでに後漢時代から見えますが、薬師信仰とは無関係です。そもそも経典において、十二神将は薬師如来の立てた十二の願いに対応して登場するものです。十二という数の根拠は不明ですが、十二人が各七千の手下を伴い、その総計が八万四千になることは注目されます。これは仏教で膨大な数を示すときの喩えで、釈迦の教えが数多いことをいう八万四千の法門や、煩悩が多いことの喩えとしても知られます。インドでは、無数の仲間がいることを示しただけだったのかもしれません。

薬師如来、日光・月光菩薩と同じく、十二神将もその具体的な特徴が『薬師経』に記されないため、さまざまな姿で表わされてきました。古くは天人や菩薩の姿で登場します。唐時代には武将の姿で現れ、日本でも奈良・新薬師寺像（奈良時代・八世紀。次ページ写真参照）が知られますが、

【十二神将　対応表】

	サンスクリット語名 ＊1	漢訳名 ＊2	十二支との対応 ＊3
1	クンビーラ	宮毘羅	子
2	ヴァジラ	伐折羅	丑
3	メーカラ	迷企羅	寅
4	アンドラ	安底羅	卯
5	マンダラ	頞儞羅	辰
6	シャンディラ	珊底羅	巳
7	インドラ	因達羅	午
8	パーイラ	波夷羅	未
9	バクラ	摩虎羅	申
10	チャンダーラ	真達羅	酉
11	チャウンドゥラ	招杜羅	戌
12	ヴィカラ	毘羯羅	亥

〈出典〉

【＊1】岩本裕訳「薬師如来本願経」（既出）

【＊2】玄奘訳『薬師瑠璃光如来本願功徳経』（『新国訳大蔵経』七、浄土三、大蔵出版、二〇〇七年）

【＊3】覚禅『覚禅鈔』（『大正新修大蔵経』図像編、四）

新薬師寺の薬師如来と十二神将の像（いずれも国宝）
（写真提供：新薬師寺）

まだ十二支獣を伴っていません。その後、十二支と結びついたことから、十二時や十二か月の守護神としても親しまれるようになりました。先行する中国の遺品に倣い、日本でも平安時代後期から十二支獣を戴く表現が増えていきます。

この頃には十二神将像も盛んに造られていたことがわかりますが、薬師如来の脇役としてではなく、十二神将に対する信仰も生まれていたようです。たとえば、鎌倉幕府の正史である『吾妻鏡』によると、二代執権の北条義時（一一六三～一二二四）は、霊夢に現われた十二神将のうち戌神将のお告げにより、大倉薬師堂（現覚園寺）を建立しました。その翌年、三代将軍である源実朝（一一九二～一二一九）が暗殺された際には、戌神将の化身と思しき白犬を見て、その場を離れたために難を逃れたといいます。

また、神奈川・曹源寺の十二神将像（建久年間・一一九〇～九九）のうち、巳神将だけ大きく、また端正な容貌で造られた背景に、巳刻（朝十時ごろ）生まれだった源実朝との関わりが指摘されています。他にも、関連する時刻を記す遺品が報告されており、鎌倉時代ごろには現在のような年よりも時の守護神としての信仰が強く、なかには薬師如来ではなく、十二神将のみを表わして信仰することもあったようです。日光・月光菩薩には固有の信仰が芽生えませんでしたが、十二支と結びついて普及した十二神将の信仰は、『薬師経』から離れて独自の展開を遂げていったのです。

会ってみたい名像・名画、行ってみたい行事

加須屋　誠（かすや　まこと）
元奈良女子大学教授

▼薬師寺・新薬師寺・神護寺（じんごじ）などの本尊

お薬師様の姿を今に伝える古仏として、多くの人にもっともよく知られているのは、奈良西ノ京の薬師寺のご本尊でありましょう（写真①）。

これは、厚さ三、四センチの銅製の仏像で、像の内部は空洞になっています。きりりとしたまなざしで正面を見据えるお顔、両肩の張った堂々たる体躯、身体をまとう薄い衣には自然な襞（ひだ）が表されており、仏の威厳に満ちたたたずまいを現実感をともなって表現しているのが特徴です。

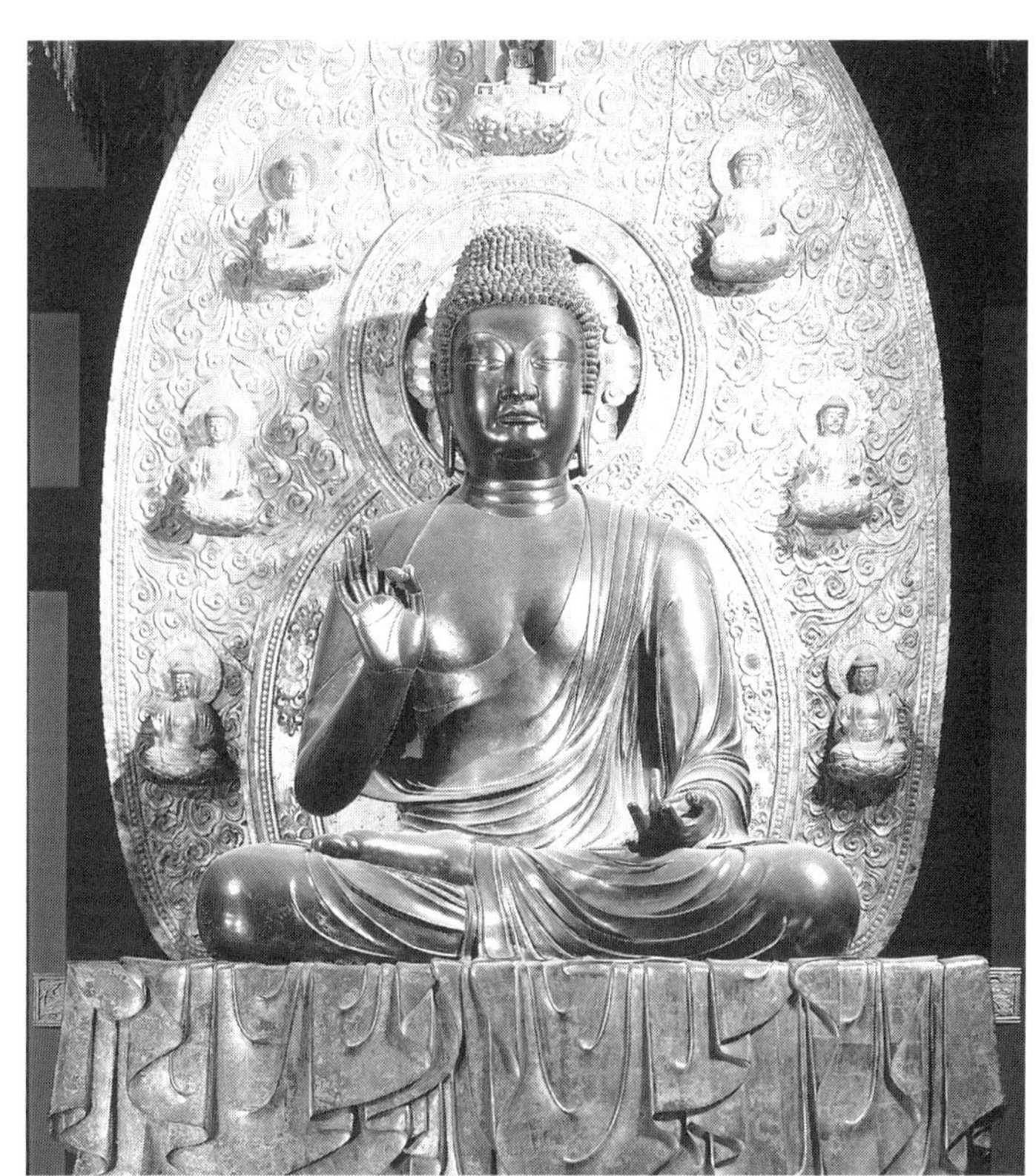

【写真①】薬師寺本尊・薬師如来像（国宝）
（写真提供：薬師寺）

本像がいつ・どこで造られたのかについて、歴史研究者の間では長い論争が続いています。西ノ京の薬師寺はもともと飛鳥(あすか)にあった薬師寺を移建して建立されました。それゆえ、移建の際に元の薬師寺のご本尊を西ノ京の薬師寺へと運び入れたという説。あるいは、寺の移建の際に本像を新たに造立したという説。この二つの学説です。これまでは、移建の際に新造したという説の方が有力とみなされてきましたが、近年になって文献史料をあらためて読み直し、元の薬師寺の本尊の造立が持統天皇十一年（六九七）であった可能性が指摘され、その頃であるならば、本像のような均整のとれた美麗な仏像が造られても歴史的に矛盾がないことが明らかにされました。

本尊が坐る台座にはインドの仏教ではなく、中国の陰陽五行思想にもとづく青龍・朱雀・白虎・玄武の四神が刻まれています。これと同じ四神が、白鳳時代（七世紀後半）の高松塚古墳やキトラ古墳の壁画にも描かれています。このことも、本尊が造立された時期を確定するのに参考になるかと思われます。

西ノ京は文字どおり奈良市の西方にあります。これに対して、奈良市の東方の高畑町には新薬師寺があります。新薬師寺のご本尊は一木造の薬師如来像です（写真②）。大ぶりの目鼻、丸々とした顔貌、とても厚みのある身体。こうした特徴は、端正でバランスのとれた薬師寺のご本尊とは対照的です。制作時期は奈良時代後半（八世紀後半）。この像を奉る新薬師寺の本堂も同時期の建立です。さらに、薬師如来像を守護するように周囲に配された十二神将像は、当初は別の堂舎に奉られていた可能性があるものの、制作時期は本像や本堂とほぼ同じ時期と考えられています。

京都へと移動してみましょう。京都市北部の高雄にある神護寺のご本尊・薬師如来像はたいへ

【写真②】新薬師寺・薬師如来像（国宝）
（写真提供：新薬師寺）

ん神秘的な仏像です。薬師寺や新薬師寺のご本尊が坐像であったのに対して、神護寺像は立像。像高は一七〇センチで、ほぼ等身大です。しかしながら、普通の人とも一般の仏とも異なる異様な雰囲気を漂わせている。それはまず第一に、お顔の表情に表れています。目尻の上がったまなざしは悪魔を射すくめるようです。また第二に、その身体にはあたかも霊木をそのままのかたちで切り出したような重々しさが感じられる。そして第三に、その身体に刻まれた着衣の襞は指でなぞれば指先が切れて血が流れ出すのではないかと思われるほどに鋭い。

この像は、もともと和気清麻呂が創建した神願寺の本尊であったと考えられます。清麻呂は奈良時代末期（八世紀末）に勢力を伸ばした弓削道鏡を政界から追放した立役者です。道鏡の追放には成功しましたが、しかし、清麻呂は道鏡の呪いによる復讐を恐れました。そこで、薬師像を奉ることによって、道鏡の呪詛から逃れることを祈願したのでしょう。この像が神秘的で畏怖を感じさせる造形になっているのは、このためです。

薬師如来は、その名のとおり薬の効験によって病気を治すことを祈念するために造立されることが多いのですが、この頃には病気も呪詛もいずれも目に見えない魔力が人に危害を及ぼすと信じられていた。そこで、清麻呂は薬師像に祈願をかけて呪詛からの救済を求めたものと推察されます。

京都市南東の伏見区にある醍醐寺は、笠取山山頂の上醍醐と山麓の下醍醐に分かれています。延喜十三年（九一三）造立の薬師三尊像はかつて上醍醐の薬師堂に奉られていましたが、近年になって山を降り、現在は下醍醐の霊宝館に安置されています。本像も一木造の堂々たる体躯を誇り、拝する者を圧倒します。政情不安にあった十世紀初頭、醍醐天皇が国を護るために強力な仏の力を願って、本像を造立したと推察されています。

九世紀から十世紀にかけては、京都・奈良だけではなく、日本各地で数多くの薬師如来が造られ奉られました。それだけ広く深く薬師の効験が信じられていた証（あかし）です。現存遺品としては、福島の勝常寺、岩手の黒石寺（こくせきじ）、広島の古保利（こおり）薬師堂、佐渡の国分寺などにこの頃の薬師像が奉られています。

▼十一世紀以降の名像・名画

再び京都に視線を戻すと、市内中心部に近い大蓮寺（だいれんじ）に薬師如来立像が奉られています。像高は等身を超える一九〇センチほど。比較的大きな仏像ですが、しかし、重々しさや威圧感はほとんど感じられません。その円満な表情は、定朝（じょうちょう）作の平等院鳳凰堂の阿弥陀如来像とよく似ています。本像は永久三年（一〇七一）頃に造立、もともとは祇園社（ぎおんしゃ）（現在の八坂神社）に奉られていたと言われます。

同じく京都の仁和寺（にんなじ）の霊明殿に安置されている薬師如来坐像は、もとは同寺北院薬師堂の本尊でした。康和五年（一一〇三）定朝の作風を継承する円勢（えんせい）と長円（ちょうえん）という仏師の父子が白河上皇の子である覚行法親王（かくぎょうほっしんのう）の依頼を受けて造立したものと推定されています。像高一〇センチほどの小像で、前述の大蓮寺像にも似た丸顔の円満な面立ちをしています。像の衣や光背・台座に細やかな截金文様が施されているのが特徴です。平安後期（十一世紀〜十二世紀）には、当時の貴族たちの優美な美意識を反映して、薬師如来像もまた洗練された造形性をもつものへと変化しました。

お薬師様のお姿は彫像だけでなく、絵画にも描かれました。和歌山・桜池院が所蔵する画像が、その一例です。画面上方に天蓋をしつらえ、画面中央に薬師如来が座しています。その前には日光菩薩と月光菩薩が立ち、周囲を十二神将が取り囲んでいます。この画像には截金が用いられておらず、描線はくっきりと力強く引かれています。平安貴族趣味的な優美さとは一線を画する表現で、奈良時代の伝統を継承しつつ鎌倉時代（十三世紀）の新しい美意識を招き入れた作風と判断されます。この画像は、京都ではなく、奈良で制作されたものとの説が有力です。

奈良・興福寺の東金堂には、応永二十二年（一四一五）造立の銅製の薬師如来像が安置されています。もともと東金堂には奈良時代の薬師如来像が奉られていたのですが、源平の騒乱の最中に焼失。当初の本尊に代わるものとして、山田寺から薬師如来像が興福寺僧兵によって奪い取られて、一時期ここに奉られていました。しかし、室町時代に五重塔に落雷があり、このとき東金堂安置の旧山田寺像も大きな被害を受けました。現在の東金堂本尊はこののちに新たに造られた仏像です。焼け残った旧山田寺の仏頭は、しばらくこの仏像の台座下に放置し忘れ去られていましたが、昭和十二年（一九三七）に発見され、現在は興福寺の国宝館に安置されています。

京都・東寺の金堂には、慶長八年（一六〇三）造立の寄木造の薬師如来像が安置されています。これもまた、もともとは平安京遷都早々に奉られていた像を再制作したものです。像内に納められていた木札によると、本像は豊臣家一族の繁栄などを祈念して造られたものと記されます。お薬師様は病気を治してくれるだけでない。一族安泰や国家繁栄といったあらゆる願いを叶えてくれる仏として、長く信仰されていたことがうかがえます。

▼薬師寺の花会式

最後に、お薬師様を供養する宗教行事を一つご紹介したいと思います。

冒頭で紹介した奈良西ノ京の薬師寺では、毎年三月三十日から四月五日にかけて、花会式と呼ばれる儀礼がなされています。伝説によれば、嘉承二年（一一〇七）堀河天皇が皇后の病気を心配し、同寺の薬師如来像に祈願。無事に病気が回復したので、造花を飾り供養したのに始まると言われます。おそらく、それよりも古い時代からなされていた国家安泰を願う修二会の行事に、造花を供養することが付け加わり、今に伝わったものでありましょう。

《エッセイ》私とお薬師さま①

鹿沼市・真言宗智山派薬王寺住職
小児科医
倉松俊弘

僧侶として医師として

ある日、本堂前で一心に手を合わせ拝んでいる方を見かけました。

「お参りいただき有り難うございます。」

「あ、ご住職さま。実は先日、ガンと診断されました。今度手術を受けます。以前ご住職さまの〝いのちとは〟という講演を聴いたことがあります。ご本尊お薬師さまはとってもご利益がありますから、何かあったときはいつでもお参りくださいとおっしゃっていましたね。それを信じて無事に手術が成功するようにとお参りさせていただきました。」

「そうでしたか、有り難いことです。きっとお薬師さまがお守りしてくれると思います。もう一度一緒にお祈りしましょう。」

私はその方が山門から姿が見えなくなるまで手を合わせ見送りました。背中にお薬師さまのあたたかい視線を感じながら。

《お薬師さまとの出会い》　私が住職を務める寺は「医王山阿弥陀院薬王寺」といい、ご本尊は薬師瑠璃光如来です。私はこの寺の次男として生まれ、幼少年期は毎朝本堂に行き手を合わすことを躾けられました。

境内には「るり幼稚園」があり園児達は毎朝、山門前で「ノンノ様、オンコロコロ。」といって手を合わせ園舎に入って行きました。十年前に廃園となりましたが、今でも卒園生が、瑠璃色の制服にあこがれたこと、日の丸弁当（白米に梅干し一つ）を食べたこと、本堂でのお泊まり保育をしたことなど懐かしい話をしてくれます。

私にとって瑠璃という言葉は身近に感じていた言葉であり、知らず知らずにお薬師さまと出会っていました。

《医学への道》「医王山阿弥陀院薬王寺」、なんと医学（医療）に関与した名前でしょうか。やはり縁があったのでしょうか、またご本尊お薬師さまのお導きでしょうか、私は医学の道へと進むことが出来ました。

医学と仏教は、科学という目に見える世界と、心・精神という目に見えない世界のちがいですが、いのちを大切にするという同じ目的を持っている世界である、と以前書かせていただきました（月刊『大法輪』二〇一〇年十二月号）。

医学の世界は結果が明確に見えてくると、患者さん自身もそれを確信することができます。信用できる医療が受けられるか、今最善の治療は何か、あるいは今後どのような経過をたどるのかなど科学的に裏付けられたエビデンス（証拠）に基づいて判断ができるのです。これは医療従事者にとっても患者さんにとっても有り難いことでもあるし、一方では厳しいことなのかもしれません。

エビデンスに基づく医療ではこんなこともありました。急性骨髄性白血病と診断された患者が数ヶ月治療を受けましたがよくならず、二千万件のガンに関する論文を学習させた人工知能（AI）で分析したところ、たった十分で二次性白血病と診断され、ＡＩの指示に従って治療を開始したところ病状が改善し退院されたということです。将来は、病気の診断・治療は医者でなくAIが行う時代が来るのかもしれません。お薬師さまはどんな思いをされるのでしょうか。

《お薬師さまへの帰依》　一方、宗教は目には見えないものを確かなものとして信じること、捉(とら)えることです。

私が仏教の世界に入ることになった縁は、前住職である兄の病気でした。ある日突然、マヒが襲い脳内出血と診断され緊急手術を受けました。お陰さまで無事後遺症もなく社会復帰をしました。しかし、数年後再発し、かなり厳しい状態となり、主治医からも「大変危険な状態です。最善を尽くしますが……。」と言われました。

私は初めて心の底から「オン・コロコロ・センダリ・マトウギ・ソワカ。お薬師さま、どうかお助け下さい。」と一心にお唱え続けました。願いが通じたのか、自宅療養ができるまでに回復しました。お薬師さまに、「おかげさまで……。」と感謝をしました。

兄の病気は、おそらく、兄が、こんなにも尊い霊験(れいげん)あらたかなご本尊お薬師さまだから、「これからはお前がご本尊さまを護(まも)り、檀信徒(だんしんと)の皆さまがお薬師さまのご加護、ご利益をいただけるように頼んだぞ。」と、私を仏の世界に導いてくれたのだと信じています。

薬王寺のご本尊お薬師さまは秘仏です。三十三年に一度のご開帳（かいちょう）があります。実は私はまだご本尊お薬師さまのお姿を拝んだことがありません。次回のご開帳は二〇二四年です。とても楽しみにしています。

《信じる心》　信じるとはどのようなことなのでしょうか。そして何をもたらしてくれるのでしょうか。医学は科学としてエビデンスに基づくものと述べました。ややもすると、信じる心とは無関係に感じるかもしれません。しかし、我々の身体の中には自然治癒力があります。どんなに難しい手術を成功させても、すぐれた効果のある薬を投与されても、患者自身の自然治癒力がないと病気は治りません。この自然治癒力に大きな影響をもたらすのが心、信じる心なのです。

プラシボー効果（薬効のない偽薬（ぎやく）を服用してもある程度の効果が出ること）という現象は、真にこの信じる心なのです。薬を信じる心、処方してくれた先生を信じる心、必ず治ると信じる心が、大きな力となって自己免疫力（めんえきりょく）を高めるのです。

《お薬師さまのご利益》　お薬師さまを信じる心も、同じように大きな力となって私たちを加護してくれます。お薬師さまが左手にお持ちの薬壺（やっこ）の中には、どんな薬が入っているのでしょうか。身体の病気を治す薬はもちろん、精神的に悩み苦しむ心を癒やす薬が入っているのです。

お釈迦さまは自分ではどうすることもできないことを「苦」と説かれました。四苦八苦です。お薬師さまはこの苦を受け入れ心に安心をもたらしてくれる薬を出してくれる仏さまです。でもこの薬は、きちんとした処方箋がないと頂くことはできません。その処方箋とは、心からお薬師さまを信じる心、拝む心なのです。

――二〇一七年十一月に、境内に介護・医療・心のケアをする住宅型有料老人ホーム「瑠璃の里」を設立しました。利用者がいつでもお薬師さまを拝める場、心落ち着かせる場、そして法話をする場、団欒する場として「清浄の間」を設けました。正面に祀ってあるお薬師さまは、きっと皆さまを温かく見守っていてくださると信じています。

私は毎朝、お檀家さまと一緒にお薬師さまを拝んでいます。毎月八日には薬師護摩祈祷を厳修しています。そして祈っています。

「願わくは御本尊薬師瑠璃光如来、衆生の意に随って而も利益を作し給うの本誓を廻らして、心中の所願を満足せしめ給わん事を。」

合掌

《エッセイ》私とお薬師さま②

飯塚(いいづか)大幸(だいこう)
一畑薬師管長

心の眼が開かれる仏縁

私の住職する島根県出雲市・一畑寺は臨済(りんざい)宗妙心寺(みょうしんじ)派に属しながら、別に一畑薬師(いちばたやくし)信仰の総本山になっています。平安時代の寛平六年(八九四)、日本海から漁師の与市(よいち)が引き上げた薬師如来をご本尊としておまつりしたのが始まりで、与市の母親の目が開いたり、戦国の世に小さな幼児が目が治ったことなどから、「目のやくし」「子どもの無事成長の仏」として広く信仰されています。

お薬師さまには眼病平癒（へいゆ）など諸願成就のご祈祷（きとう）をします。薬師霊場・観音霊場・神仏霊場などの巡拝者も多くあります。禅寺として坐禅をします。日々の坐禅、毎週末の坐禅、企業研修や学校研修、保育園から老人会、最近では外国人が参加する坐禅や食事の研修会もあります。

一畑薬師には「目のやくし」を拝むことで目が治る霊験（れいげん）のお話がたくさんあります。どこでも治らなかった目が治った、お医者様から治らないと言われたのに治った、親が一生懸命信仰して治った。医療が発達した現代においても少なくありません。坐禅修行をする禅の立場からすると違和感を覚えるかも知れませんし、「正法（しょうぼう）に不可思議なし」とする仏教の王道ともちょっと異なると感じるかも知れません。しかし、何かの因縁でそれが起ることもまたあるのです。

そもそも、願をかけるとか、祈願をすること、祈ることは神仏への「おねだり」であってレベルの低い信仰ではないか？　と考える向きがあります。かつて「百寺巡礼」で五木寛之（いつきひろゆき）先生がお越しなったとき、「そういう意見に対してどうお答えをされますか？」と問われました。リハーサルもなく面接試験のようでした（笑）。

そのときも申し上げたのですが、信仰の入り口は人それぞれです。身内の死もあれば、自分の病気もあります。何不自由のない第三者からみれば、確かに「おねだり」に映るかも知れません。しかし、それはおごった立場からのもの言いです。お釈迦様も仰（おっしゃ）っています。「若さや健康をいうのもまたおごりである」「いつかは老いて病む身である」と。

願をかけている人は真剣です。祈っている人は真摯であり、その姿にはなすべきことをなし尽くした心境がうかがえます。「かなうか、かなわないか」という迷いの心を越えたものを感じるのです。私はお薬師さまにお仕えをする中で、多くの信者さんからそういう姿をたくさん見せていただきました。

五木先生に紹介させていただいたのは、一休禅師の歌「分けのぼるふもとの道も多けれど同じ高嶺（たかね）の月を見るかな」です。山の入り口はいくつもあり、上る道も緩急さまざまですが、高みに至ってのみ見える景色があるはずです。人生ひとそれぞれ、自らの心を見つめ、自ずから浄められるとき、本当の安心があるではないでしょうか。

ある信者さんの言葉です。「この目は見えなくなったけど、心の眼を開かせていただきました。目が見えない分いろいろなことがわかり、他人の気持ちがわかるようになりました。見えないものを観ることができて、お薬師さまに救っていただきました」。信仰の有り難さを感じさせられます。本当の不可思議は、最後には不可思議を拠り所にする必要がなくなっていくことかもしれません。

私は仏縁に深く感謝しています。子どもの頃はお寺が嫌なときもありました。しかし今や、他のあらゆる分野よりも魅力的で、奥深く、普遍的であり、科学的とも感じるこの仏の世界をこと

上 ＝ 一畑薬師　本堂 ／ 下 ＝ 一畑薬師の「二才児まいり四才児まいり」
（写真提供：一畑薬師）

のほか貴いと思います。

ブッダが東を向いて微笑むとき「お薬師さま」、ブッダが西を向いて微笑むとき「阿弥陀さま」。薬師寺の高田好胤さんのお話にもありました。「仏仏平等」。大いなるブッダ、ダルマ、サンガ。私にとってのお薬師さまはそういう存在です。

第三章

観音菩薩（かんのんぼさつ）早わかりガイド

観音菩薩とは？

下泉全暁
徳島・最明寺住職

▼観世音と観自在

観音菩薩は、『観音経』（『妙法蓮華経観世音菩薩普門品』）では「観世音菩薩」の名前で、また『般若心経』では「観自在菩薩」の名前で登場します。どちらも同じ仏さまなのですが、相違する理由の一つが経典の訳者の違いです。『観音経』を訳した鳩摩羅什（三四四〜四一三）は観世音とし、『般若心経』の訳者、玄奘（六〇二〜六六四）は観自在としたのです。

もう一つの理由は、本来のサンスクリット語の名前が異なる可能性があることです。「観」は同じですが、「音」を意味する原語と「自在者・主宰」の意味の原語の二つがあり、これが漢訳の相違となったということです。

「観」というのは、衆生の苦しみを「注意深く観察すること」であり、「観自在」は、「観察するのに自在であるもの」を示します。また「観世音」は、「衆生の苦しむ声、観音さまを呼ぶ声（世音）を観るもの」を意味します。音を観るということに違和感がありますが、私たちが観音さまに救いを求めるとき、「南無大慈大悲観世音菩薩」と声に出す場合もありますし、心の中で念じる場合もあります。衆生の心中の声を心眼で観じて下さる観世音という名称は、観音さまの大慈悲をよく表した言葉です。

『観音経』には、火難や水難などの七難や貪瞋痴の煩悩に苦しむ衆生が観音さまの力を念じ（念彼観音力）、観音さまの大慈悲を信じて生きていくなら、あらゆる苦難は消滅すると説かれています。なお、火難や水難などは具体的な災難であるとともに、私たちが煩悩のゆえに苦しむことのたとえともされます。

▼普門示現

大乗仏教が伝わった地域全体で、最も信仰を集めている尊格は、観音さまでしょう。インドで生まれた観音信仰は、チベット、中国、朝鮮半島、日本と伝わり、それぞれの国で広く信仰されています。このことも観音さまの大きな特徴のひとつと言えます。

これほど信仰される理由に、苦しむ衆生が求めるならば、どこにでも現れて救ってやろうという観音さまの誓願があります。

観音さまの功徳を説く『観音経』には、「普門示現」という言葉が説かれています。「あらゆる場所（普門）」へ「現れる（示現）」という意味です。

▼補陀落山

玄奘三蔵の『大唐西域記』には、インド半島の南端に布怛洛迦山（ポータラカ山）があり、山頂には観音さまがいらっしゃるとあります。ポータラカ山は観音さまの聖地とされ、インド以外でも広くその名称が用いられました。補陀落とも音写されます。

チベット仏教で、観音さまの化身とされるダライラマの本来の住まいはラサにあるポタラ宮ですし、中国で観音さまの霊場として知られるのは、浙江省寧波市の東に浮かぶ小島、普陀山です。韓国にも洛伽山という観音霊場の島があります。

日本でも補陀落信仰があり、紀伊半島南部の那智山は、補陀落浄土、あるいは浄土の東門とされてきました。那智の海岸から観音さまの浄土へ向かって船出をする「補陀落渡海」という捨身行が、平安時代から江戸時代まで行われていました。このほか、高知県の足摺岬や室戸岬も補陀落浄土、観音信仰の聖地でした。四国の海岸に見られる補陀落信仰は、四国八十八ヶ所霊場の起源の一つと考えられています。

▼三十三身

『大唐西域記』には、「ポータラカ山は峻険で近よりがたいが、ふもとの人々が観音さまに会いたいと願うため、観音さまは、大自在天やヒンドゥー教の行者に姿を変えて、その人の前に現れる」という記述があります。

さまざまな姿に身を変えるということも観音さまの特徴の一つです。

『観音経』では、「仏身」から「執金剛身」までの三十三身が説かれています。ある衆生にとって、仏の身を現して救うのがふさわしいならば仏の身となって現れ教えを説き、○○の身がふさわしければ○○となって現れるというのです。三十三身には、仏身のほか、ヒンドゥー教の神々、僧侶、在家仏教徒、王者、一般社会の人徳者、長者、龍神や夜叉などの守護神などがあります。中には童男童女という姿もあります。日常生活の中で人の言葉に力をもらったり、心が沈んでいるとき、子供の言葉や仕草になごまされることがありますが、観音さまがその一瞬、知人や子供となって導いて下さっているような気がします。

三十三という数は本来、多数という意味を示しているのでしょうが、観音さまのキーナンバーとなりました。

中国では、一、楊柳観音から三十三、灑水観音まで、ほとんど中国で考案された三十三種類の観音さまが成立しましたし、日本でも、近畿一円に広がる西国三十三観音霊場が生まれました。

▼六観音とは何か

三十三身は、ふさわしい姿となって教えを説くという観音さまの功徳を表したもので、それぞれが個別に信仰されているわけではありません。また、中国起源の三十三観音も顕著な信仰は見られません。

その代わりに日本で広く信仰されているのが六観音です。

六観音とは、聖（正）観音、十一面観音、千手観音、如意輪観音、馬頭観音、准胝観音（天台系は不空羂索観音）の六種の観音さまのことです。

いずれもインド起源の仏さまで、それぞれに古くから幅広い信仰文化を秘めています。

六観音は地獄・餓鬼・畜生・修羅・人・天の六道の衆生を救うものとして、それぞれに配当されたもので、中国の天台宗で考案されました。ただ、当初の六観音は現在と名称が異なります。六観音信仰は日本に入ると、現在の六種（七種）の観音さまに次のように配当されました。

地獄道↓聖観音、餓鬼道↓千手観音、畜生道↓馬頭観音、修羅道↓十一面観音、人道↓准胝観音（不空羂索観音）、天道↓如意輪観音。

聖観音

聖観音以外の観音さまは密教の中で生まれてきた仏さまで、聖観音はそれ以前からあった、観音菩薩の基本型とも言える仏さまです。そういう意味で正観音とも呼ばれます。他と異なり一面二臂のシンプルな姿です。

千手観音

千手という名前の通り、実際に千の手を持つ作例と、一手が二十五手を代表するとして四十本の手を付ける作例の二つがあります。千手それぞれには眼があり千手千眼観音とも呼ばれます。千の眼は観音さまの「観」を具体的に表現したもので、多くの衆生を見守っているということでしょう。手には、如意宝珠や羂索などさまざまな道具を持ち、財宝を得たければ宝珠を持つ手に、不安な中で安らぎを求めるなら羂索の手に、など願望の種類によりそれぞれの手に祈願せよと説かれています。

馬頭観音

文字通り馬の頭を頭上に付けた姿が特徴です。多くの観音さまの中でも珍しい忿怒形で、馬頭明王とも呼ばれます。馬が勢いよく牧草を食べるように、衆生の煩悩を食い尽すとされ、馬の強さで観音さまの力をたとえたものとも解釈されています。家畜の守護神として、また交通安全祈願としての信仰があります。

十一面観音

「普門示現」を造形的に表現した仏さまで、東西南北の四方と東南などの四隅、上下に向けた十の顔で「あらゆる方向に向いた観音さまの慈悲」を表しています。本来の顔を合わせて十一面になります。ただ、本来の顔以外に十一面を付ける作例も見られます。十一の顔は、仏の相、慈悲の相、忿怒の相、歯をむき出す相、笑いの相などから構成されます。

准胝観音

准胝仏母、七倶胝仏母（七倶胝は大きな数の意味）とも呼ばれ、仏や菩薩の母とされています。十八本の手があり、子授け祈願の本尊とされます。

不空羂索観音

羂索は獣を捕らえる縄のことで、不空羂索とは、「（捕まえるのに）確実な縄を持つもの」という意味です。観音さまが衆生を救うはたらきを狩人にたとえ、確実に救われるということを示した仏さまです。羂索を持ち、鹿皮を着けた姿です。

如意輪観音

如意輪とは、「意のままにどこにでも現れて衆生を救う」という意味です。衆生の願いを叶える如意宝珠と随所に現れて教えを説くことを示す法輪を持っています。

観音菩薩よくある質問

小松庸祐
大阪・法樂寺上院

お釈迦さまは生涯に沢山の教え（法門）を説かれました。その数は八万四千もあると伝えられています。

その中で観音菩薩に関しての教えは、「普門品」が最もよく知られています。正しくは「妙法蓮華経観世音菩薩普門品第二十五」で、妙法蓮華経（法華経）の第二十五番目の章です。この経題を略して「普門品」とか「観音経」と呼んでいます。

「普門」は分け隔てしない入口で、「品」は章や編の意味です。誰もが通れる広い門です。

Q. お名前の「音を観る」の意味は？

A. 苦しむ声を聞き救うこと

「普門品（観音経）」は、無尽意菩薩（自らの悟り「自利」、また他人の幸福「利他」を求める修行者）がお釈迦さまに質問することから始まっています。「世尊（＝お釈迦さま）、観世音菩薩はどのような理由で観世音と言われるのでしょうか」。

お釈迦さまは無尽意菩薩に答えられました。「善男子（＝無尽意菩薩）よ、もし数え切れないほど多くの生きとし生けるものが様々な苦悩を受けている時、観世音菩薩の名を一心に唱えたならば、観世音菩薩はたちまち求めに応じて救いの手を差し伸べて救済されるのです」。

次にお釈迦さまは、具体的に例をあげてお話を続けられました。「病で苦しむ者、心が病んで悶える者、貧乏で日々の暮らしに困る者、欲で人を苦しめ自分も苦しむ者、恋に悩む者、家庭の不和に苦しむ者、犯した罪に夜も眠れない者、火難・水難の災害に遭遇して苦しみ、助けを求める等、人々の姿を観、声を聞き、即座に三十三の姿に身を変えて、十九の教えを説き聞かせ、人々を苦しみから助け出してくれるのです」。

このことから観世音菩薩は「世の音声を観ずる」――「観ずる」とは見る、聞く、思いやる、照らす、の意――という意味です。

Q．観音さまの性別は？
A．男性にも女性にも変化

観音さまは「慈悲」の仏さまです。そして慈悲とは「母親が自分の子を、自分の命をかけても守る様子」とお経に説明されており、お母さんのように無条件のやさしさで私たち衆生を包み込んでくれるのが観音さまなのです。そのようなことから、観音さまに「女性的イメージ」を持つ人が多いのです。

しかし、観音さまのお名前はサンスクリット語で「アヴァローキテーシュヴァラ」（または「アヴァローキタスヴァラ」）といい、男性名詞です。仏教が中国や日本に伝わる以前の観音さまのお姿を、インドの仏教遺跡の壁画や密教の曼荼羅のなかに探すと、観音さまは若々しい男性として描かれており、髭を生やされている場合もあります。

とは言え、「普門品（観音経）」には、慈悲の徳の故に三十三様にお姿を変えられて現れ、説法をされると記されていますが、その変化のお姿は男性のお姿の天大将軍身・長者身・居士身・宰官身だけでなく、比丘尼身・婦女身・童女身など女性のお姿にも変化することがわかります。

つまり、観音さまには男女の性別はなく、「時と場合」に応じて、男性の姿にも女性の姿にもなるのです。

Q. 観自在菩薩と観音さまは同一人物？

A. 訳し方と原語の違い

答えは同一人物です。ではなぜ、「般若心経」などでは「観自在菩薩」、「普門品（観音経）」では「観音（観世音）菩薩」と、二つの名前で呼ばれるようになったのでしょうか。それは、経典を漢訳した二人の有名な翻訳家が、それぞれ異なる名前に訳したからです。

一人は鳩摩羅什三蔵（三四四～四一三、一説には三五〇～四〇九頃とも）で、サンスクリット語の観音さまのお名前を、「観音（観世音）菩薩」と訳しました。もう一人は唐代に活躍し三蔵法師の名で知られている玄奘三蔵（六〇二〜六六四）で、「観自在菩薩」と訳しました。二人の翻訳の特色は、鳩摩羅什三蔵は文学的な表現で、玄奘三蔵は原典に忠実な訳とされています。また鳩摩羅什三蔵の訳は「旧訳」、玄奘三蔵の訳は「新訳」と分類されています。

ちなみにサンスクリット語の観音さまのお名前は、一般的に「アヴァローキテーシュヴァラ」とされ、これは「アヴァローキタ（観）」と「イーシュヴァラ（自在）」の合成語であり、これだけを見ると玄奘三蔵の「観自在」という訳のほうが語学的に正確であるように思えるのですが、しかし古い時代の「普門品（観音経）」のサンスクリット語原本では、観音さまのお名前が「アヴァローキタスヴァラ」となっていたことが判明しています。これは「アヴァローキタ（観）」と「スヴァラ（音）」の合成語であり、鳩摩羅什三蔵の「観音（観世音）」は、これを訳したと考えられます。

つまり「観自在」も「観音（観世音）」も、どちらも正しい訳なのです。どちらも観音さまの大切なお名前なのです。

「般若心経」は、「観自在菩薩」が自ら彼岸に渡るための真理、すなわちまことの道理の智慧を体得されたことが説かれているのに対し、「普門品（観音経）」では智慧ではなく、「観音（観世音）菩薩」の慈悲について説かれています。

Q．なぜ宝冠やネックレスをつける？

A．出家以前のお姿を表す

「如来」とよばれる薬師如来や阿弥陀如来、そしてお釈迦さま（釈迦如来）などの仏さまたちは、基本的には装飾品を身に着けず、ただお袈裟をまとっただけのお姿で表現されています。

一方で「菩薩（菩提薩埵）」は、すでに成仏を成し遂げたにもかかわらず、わざと菩薩（修行者）の位に留まって人々を済度し涅槃に渡らせる、「仏にわざとならない」人間味を持ったままのお姿です。それゆえに、さまざまな装身具をつけておられます。

装身具をつける理由は、お釈迦さまが出家なさる以前は、北インドのカピラヴァストゥ城の王子で、日頃から多くの装飾品を身に着けていたことに因んでいます。菩薩は悟りを求める者で、お釈迦さまがまだ出家の悟りを持たれる以前のお姿を意味することから、菩薩方は様々な装飾品を身に着けられているのです。

今日でも、東南アジア・南アジアの仏教国では、出家をする儀式の直前まで多くの装飾品で身を飾り、家からお寺までの道を歩むという風習が見られます。これも出家される以前のお釈迦さまが王子であったことに由来しています。

Q．宝冠の「化仏」は何を表す？
A．如来の智慧と菩薩の慈悲

如来のお姿は装飾品を身に着けていないと前述しましたが、密教の教主たる大日如来は例外で、大宇宙の真理を示す仏であるところから宝冠を戴いています（金剛界と胎蔵の大日如来像）。その宝冠は大日如来の五種の智慧＝「法界体性智」「大円鏡智」「平等性智」「妙観察智」「成所作智」を象徴しており、五智宝冠と呼ばれます。

大日如来と同様に、観音菩薩も、頭上に宝冠、華冠を戴いて、如来の五つの徳を示しています。また宝冠、華冠には、阿弥陀如来の「化仏（化身）」が蓮台上に立たれています。それは如来の智慧と菩薩の慈悲を合わせ持った姿で人々を教化する（救う）、ということを表しています。

教化の手段として「四摂法」があります。

一、布施……分かち合うこと。助け合うこと。普く施すこと（惜しまず・恐れず・諂わず）。

二、愛語……真心の言葉をもって人に接する。同情、慈悲、親切。
三、利行……自分は正しいから他はどうでもよいではなく、正しい行いを共にする。
四、同事……布施・愛語・利行の行いを社会に活かす明るい社会を作る努めを果たす。
この四つの心を人々が実践することを願い、化仏の阿弥陀如来が観音さまの宝冠にいらっしゃるのです。

Q．観音さまはなぜ蓮華を持つ？
A．生命の不思議さの象徴

蓮華（はす）は清廉な美しさを持つ花です。泥に根付き、その泥に染まらず濁った泥水をくぐり抜け、水面に清らかで凛とした花を咲かせます。そして花が咲くと、必ず実をつけます。無駄花がないのも特徴です。

さらに、蓮の実は不滅の命を宿しています。縁（地・水・火・風・空の要素）が整えば必ず発芽し、千年、二千年と、果てしない年月を経てもなお花は咲き、実を結ぶのです。

観音さまは、この生命の神秘を感じさせる花を、ご自身の象徴として選ばれました。蓮華を持たれ、生命の不思議さ、尊さを私たちに示しているのです。

なお、観音さまは、蓮を持っているお姿から「蓮華手の仏」とも呼ばれます。

Q. 観音さまはなぜ色々な姿に変化する？

A. 慈悲ゆえに

有名な近松門左衛門（江戸時代の浄瑠璃・歌舞伎の脚本家）の著書『曽根崎心中』には、次のようなくだりがあります。

商家に勤める徳兵衛が、叔父に返却するお金を友人に騙し取られた。金銭のことで汚名を着せられては生きてはいけない。徳兵衛と恋し合う仲のお初は、添い遂げられない恋に殉じて死のうと、ふたり連立って、闇夜に梅田の橋を渡りゆく……「草の蓮花世にまじり、三十三に御身を変え、色で導き情けで教え、恋を菩提の橋として、渡して救う観世音」。

いかなるものにも慈悲のあるところに観音さまが現れることを、物語は語りかけています。

私事ですが、幼き頃、父に連れられ鎌倉から東京に時々出かけました。途中、大船駅でいつも十分ほど連絡待ちがありました。駅の向かいの山には大きな観音さま（山本豊市作「大船観音」）が間近に見えます。

父はよく「今日の観音さまはどんなお顔をなさっているかな？」と私に尋ねました。父に「今日は観音さまが笑っているよ」と言うと、「それは良い子だったね」と頭を撫でてくれました。またある日は「今日は怒っているみたい」と言うと、「つね坊（当時の私の呼び名）は何か悪戯をしたのかな」と顔を覗きこまれドキッとしました。

観音さまは〝慈悲〟の仏さまです。（写真は向吉悠睦作「聖観音菩薩」）

観音さまが私の心にそって現れていたのだ、と懐かしく思いだされます。

日本人と観音菩薩

塩入(しおいり) 亮乗(りょうじょう)
大正大学非常勤講師
浅草寺法善院住職

会社の社名や製品名を考案する際、縁起の良い名前はもとより、製品開発の精神を表明したものなどさまざまがあります。

例えば八月一日の八朔(はっさく)祭は「田の実（頼み）の節句」ともいいましたが、これに似た縁起の良い名前の会社に「ミノルタ（実る田）」がありました。また、「キヤノン」という会社がまだ研究所だった時代、最初のカメラ試作機は「ＫＷＡＮＯＮ（カンノン）」と名付けられ、当時のロゴは千手観音を中心に、それを火焔で囲むといった絵柄で描き、そこには「観音様の御慈悲にあやかり、世界で最高のカメラを創る夢を実現したい」という願いが込められていたといいます。

多くの技術、手腕を結集した製品に「千手観音」の響きはふさわしく、その一方で観音には「慈悲のほとけ」といった理解が代名詞のように浸透していたように思われます。

扉の開閉を表す言葉に「観音開き」があるように、観音像を祀る厨子（あるいは寺院）は、私たちの日常生活の一部になっていたことも想像できます。『観音経』をはじめ観自在菩薩から始まる『般若心経』の写経数は他の経典とは比較にならず、また、何かの祈願に際して観音像を造立した記録もおびただしく、かの東日本大震災後にも観音像は各地で造立されました。

▼仏教の性格と観音像の成立

そうした「ほとけ」を考えた場合、仏教という宗教を屋内ゲームに譬えるならば、それは「将棋」に譬えられると思っています。すなわち、敵対する者を抹殺するのではなく、積極的に相手を取り入れ、味方にしていくのが将棋であり、その反対に敵を抹消していくゲームは「チェス」として一神教の地域に展開しました。

敵味方という意味ではなく、観音像の姿の成立にはイラン系の女神である「アナーヒター」が取り入れられたと考えられています。この神は「水の神」であり「豊饒の神」でもありました。

観音の持物に水瓶があるのは水神としての背景があったからであり、また、蓮華の蕾（未敷蓮

蓮華の蕾（未敷蓮華、未開敷蓮華）を持つ観音像（島根・仏谷寺蔵）

華、未開敷蓮華）を持つ場合も多く、胎蔵界曼荼羅には観音が右手でその蕾を開こうとする姿があることから、仏教的には「これから開花する人々の菩提心の象徴」とする解釈が一般的になされています。しかし、密教以前の金銅仏の像容では球形の宝珠を持つことから、その源流は女陰の象徴に求められ、それも豊饒の女神であったことによるでしょうし、さらには子孫繁栄の力を内包していたともいえるでしょう。

▼観音と女性

観音のもつ女性的・母性的な印象は狩野芳崖の「悲母観音」という日本画作品にもなりました。

しかし、仏教体系からは観音は男性に分類されています。古くは根強い女性蔑視の社会通念があったことを考慮すれば、恐らくは女神を取り入れる際に『法華経』の提婆達多品にある「龍女成仏」の説話のように、「転女成男」の形で取り入れられたと想像できます。

それでも女性との関わりは深く、我が国では聖武天皇時代に諸国に国分寺・国分尼寺を建立する際、後者の正式名を「法華滅罪之寺」といい、本尊に観音を置いたことにも反映されています。また、『観音経』には「比丘・比丘尼」や「童男・童女」というように、男女が並列に登場していることも、女性に信仰される大きな要素となったと思われます。

ことに変化観音の一つの如意輪観音は女性を「血の池地獄」から救済するとされ、有名な『熊野観心十界図』には上空から観音が飛来して『血盆経』を女性に手渡す場面が描かれ、同様に『立山曼荼羅』などにも飛来の図があります。また、兵庫県姫路市の如意輪寺は如意輪観音を本尊としますが、もとは円教寺の「女人堂」であったものです。このほか如意輪観音は月待講でも祀られますが、その中でも「子安講」ともいわれる「十九夜講」の本尊とされることは圧倒的で、女人講として現在も各地に存在します。派生的にはその石像が墓標にもなりました。

▼観音と霊場

観音の成立の源流に女神があったことは前述の通りですが、湖水上や水源地に現れる水神の本地仏とされることも多く、河川や海中、山中においても滝中・水場・温泉場・洞窟・岩上などに出現したとする寺院縁起、伝承も多数あります。清水寺・泉涌寺（せんにゅうじ）・水沢観音・中禅寺などは水源を暗示する寺院名であり、水が豊富であった日本では水神信仰を基盤とした観音信仰が流布する下地があったともいえます。

ところで、日本人の他界観として、山中や海の彼方に死者の霊魂の行く先を観念していたことはよく知られます。山中ならば霊山、海上ならば海の彼方にあるとされる「常世（とこよ）」と呼ばれる常住不変の国がそれで、沖縄ではニライカナイといい、四国の遍路寺院が海沿いに並ぶのも、そうした影響があったといえましょう。また、皇室が神宮の立地点に伊勢を選んだ背景にも、正面に伊勢湾、裏に朝熊山（あさまやま）という霊山をもつ格好の地であったことが考えられます。

さらに日本には中国の蓬莱（ほうらい）信仰（不老不死信仰）の影響もあって、『日本書紀』では蓬莱山を「とこよのくに」と読んだり、富士山や熊野山などを蓬莱山と呼ぶこともありました。こうした他界観念に加えて、観音の浄土である「補陀落（ふだらく）浄土」が海の彼方（南方または東方）にあるという信仰も流入し、複雑になったものです。

海に囲まれた日本では補陀落の地をまずは海上に求めるのは当然で、海浜に面した寺院に補陀落山の山号寺号が冠せられていることも多く、その一つに補陀落山寺のある熊野の那智は補陀落渡海の出発地として知られる代表的な霊場となりますが、海浜に限らず山中にも補陀落の名を持つ寺院は各地にあり、中禅寺湖という山中に海がある日光などは「二荒山（ふたらさん）」という「フダラク」の地であり、二荒（ニコウ）に日光の文字を当てたものです。

▼観音への祈り

仏・菩薩の中でも観音ほど多くの訳語（観世音、観自在など）以外に、その働き（円通大士、施無畏者、子安、子育て、田植えなど）や姿（馬頭、白衣、マリアなど）をもって、百以上の固有名詞をもつほとけはなく、それほどに観音はあらゆる姿に変化して、私たちの近辺にいるものと信仰されてきました。

また、観音の「観る」という言

「子育て観音」の像（秩父観音霊場四番・金昌寺境内）

葉は「見る（上部に目がある人間）」、「診る（言葉を用いた判断）」、「看る（看護という用語からは、手が目となって脈を測り、熱や腫れも判断）」などとは違い、コウノトリのごとく上空から見渡す、俯瞰（ふかん）する意味になります。このことから、「観音」はまさに上空から人々の音（音と声）を聞いて状況を判断し、危難や苦しみから救済してくれるほとけでした。

古代における観音像造立の目的を銘文から探ると、圧倒的に「亡父母らへの追善」と見えます。ただし、この傾向は観音に限った特徴ではなく、他の仏菩薩にも共通したもので、亡者追福を通じて、その功徳を現世の人間が受けようとする「現報」に立脚したものでした。

観音に関してその霊験譚は早くは景戒の『日本霊異記』（八二二年頃成立）に記述されますが、その正式名が『日本国現報善悪霊異記』というように、浄土教思想の未発達な時代には「現報」が中心で、来世の往生を願う思想は非常に希薄でした。そして、『霊異記』に登場する観音は確かに危難から助けてくれる存在ですが、後世の『今昔物語集』などに登場する観音では、観音が身代わり（犠牲）となって、身分や男女の区別なく人々を助けるという話が多く見られるようになります。言い換えれば、目線も低く寄り添うような存在になっていったことが知られます。

▼観音への信仰の変遷

鎮護国家が提唱された時代、護国三部経として『金光明最勝王経・仁王経・法華経』が挙げられます。しかし、『法華経』に護国性は薄く、奈良時代に天下泰平・国家安寧・除災消疫を祈念する法要では『法華経』は除外されています。それよりも『観世音経』を独立経典として読誦することが記録に見えることから、観音が国家の危機を救ってくれるという「観音護国思想」とも呼ぶべき感覚が生まれていたといえます。

実は『観音経』は七難、十二難といったような誰もが直面するような災難・危機の事例を挙げた上で、観音を念じることで恐怖心も消え去り、救われると説くことが中心で、単に欲望を叶えると説く経典ではありませんでした。例えば京都・泉涌寺の楊貴妃観音は中国から仏舎利を船で運ぶ際、海難から守護する観音として乗船したと伝わっています。

【六観音　対応表】

六道	地獄	餓鬼	畜生	修羅	人間	天
摩訶止観	大悲	大慈	獅子無畏	大光普照	天人丈夫	大梵深遠
天台宗	聖(正)	千手	馬頭	十一面	不空羂索	如意輪
真言宗	聖(正)	千手	馬頭	十一面	准胝	如意輪

やがて来世を意識する浄土教思想が広まるようになると、六道それぞれに抜苦の菩薩である観音を配する考えも生まれてきました。当初は天台の『摩訶止観』に説かれる「止観六観音」

が配されましたが、これも発展すると密部の「真言六観音（変化観音）」が止観六観音の本地仏であるとする主張が天台・真言両宗から競うように示されてきたのです。前ページの表がそれになります。

この中、両宗の違いは「准胝」に関して、真言宗では観音としますが、天台では准胝仏母・七倶胝仏母という仏の母に扱う点にあります。真言宗になりますが、京都・千本釈迦堂に安置される六観音像（定慶作、重文）は見事で美しく、ぜひ拝観をお薦めしたいものです。

また、阿弥陀信仰の発達とともに死者を極楽に導く「阿弥陀来迎図」も登場しますが、観音の里と呼ばれる京都南山城の海住山寺には、阿弥陀の代わりに観音が中心に立つ「観音来迎図」があり、非常に珍しいものです。

こうした来迎図あるいは二十五菩薩練り供養に登場する観音は蓮華を前に差し出し、そこに死者を乗せようとする姿で描かれますが、京都大原・三千院にある往生極楽院には阿弥陀三尊の仏像が祀られ、少し前かがみの観音像を目前で拝むことができます。このお堂は天井が舟形天井という船底の形をしていることから、海を思えば、北の海の海岸に多く蓮華を持つ観音像が打ち寄せられた背景に、海難事故での犠牲者の冥福を祈って海中に観音像を投げ込んだ人々の心が浮かんできます。

さて、そうした展開をなした観音信仰でしたが、阿弥陀の極楽信仰の広まり、地蔵信仰による六地蔵の形成などにより、来世救済の役割はそれらに譲るようにして、観音は現世の人々の心の思い、苦しみを聞いてくれる母親のような存在となったものです。

観音菩薩の経典

金嶽宗信
臨済宗香林院住職

▼『観音経』

『法華経（妙法蓮華経）』の中の、第二十五番目の品（章）である「観世音菩薩普門品」が、『観音経』です。

我々の宗門では、よく『観音経』を読みます。お経は、「長行（本文）」と「偈（長行の要点をまとめた詩）」の二部構成になっています。その時々によって全文を読む時と、後半の偈の所だけを読む時があります。

その偈のことを「普門品偈」とか、「世尊偈」といいます。「普門」とは、観音開きという言葉があるように、あけっぴろげでどこからでも入れるという意味があり、観音様の自由自在の方便のことを指します。

では、長行の大意を、まず記しておきましょう。

無尽意菩薩がお釈迦様に「なぜ、観世音菩薩」と名づけられたのか問うと、お釈迦様は「人々がさまざまな苦悩を受けた時に、この観世音菩薩の名を一心に念じたら、この音声を観じてあらゆる困難や全ての苦悩からまぬがれることが出来るからである」と答えられました。

そして「観音を常に礼拝し、さらに観音の名号を念じ礼拝するならば、大きな幸せが得られる」とも説かれています。

すると無尽意菩薩は、「観音は、どのような方法で説法されるのですか」と問います。お釈迦様はこれに答えて「対する者に応じてそれを救う」、信仰を持って人生を生きるならば「何も恐れるものはない」といい安心を与えるのです。

これは、外部の自然災害だけではありません。人間の内部（妬みや恨みや僻みなど）までも昇華させて、好ましい方向性、価値に転ずることが出来るからです。

白隠禅師筆「楊柳観音」（静岡・松蔭寺蔵）

無尽意菩薩は、良くこのことを理解し感謝して、自分の首にかけていた瓔珞（首飾り）を外して、観音様に贈ろうとします。

観音はこれを辞退しますが、お釈迦様のすすめによりその瓔珞を受け、それを二つに分けて、一つをお釈迦様、一つを多宝如来がいらっしゃる多宝塔に納めるのでした。

さて、この瓔珞とは、無尽意菩薩の心です。無尽意菩薩は、安心を得てもとのまっさらな心に帰したのです。

求めるものが無くなった時、後は他に施す願いとなる。現世利益の追求から、徐々に目的地（悟り）へとたどりつかせる。これが観音様の願いであり、心だということです。

観音様は、お釈迦様の一つの心の具現像です。ですから観音様の心は、お釈迦様の心です。

お釈迦様は、実在の人物です。しかし観音様は、架空の仏様です。だから私は初めこの『観音経』を読んだ時、伝説の譬喩と寓話のつまらないお経だと思いました。

実際、我が宗門の白隠禅師でさえこのお経（『法華経』全般）に疑惑を持ち、この教えを捨て去っていたのです。

しかし二十七年後、全てがわかったとおっしゃっているのです。

生きていれば、色々な困難が我々にふりかかります。思いもよらない災害だったり、内からの欲をふりまわされる現実、目先の幸せを追求する現代の我々ではありませんか。

世間を離れて修行を続けるのは、僧侶である私たちでも困難です。一時期は出来ても、社会に出るとなかなか続けるのは容易なことではありません。ましてや一般の方々ならなおさらです。

人々は、みんな漠然とした不安をかかえて生きています。このあせりを、なだめすかしながら現実的な欲望を尊厳ある本来の人間性に立ち返らせる。それが『観音経』です。

文中「念彼観音力」の語が重ねて登場しますが、これは歌謡曲のサビの部分と思えばわかりやすいのではないかと思います。一番伝えたい所、それが「念彼観音力」という所です。

——では、『観音経』の偈の、原文と現代語訳とを、見ていきましょう。

【原文】

妙法蓮華経
観世音菩薩普門品偈

世尊妙相具　我今重問彼
仏子何因縁　名為観世音
具足妙相尊　偈答無尽意
汝聴観音行　善応諸方所
弘誓深如海　歴劫不思議
侍多千億仏　発大清浄願
我為汝略説　聞名及見身

【現代語訳】

『妙法蓮華経・観世音菩薩普門品（観音経）偈』

（無尽意菩薩によるお釈迦様への問い）「勝れた徳相を有するお釈迦様、私は重ねて尋ねます。お釈迦様、どういう理由で観音と名づけるのですか。」

徳相を有するお釈迦様は、偈文によって無尽意菩薩にお答えになりました。

（以下、お釈迦様のお言葉）「君（無尽意菩薩）、観音の行をよく見なさい。あらゆる所に応じ、その誓いは海の如く深く、長い間を経ても量り知れない。数限りない仏様に仕え、清く大いなる願いを生ん

心念不空過　能滅諸有苦
仮使興害意　推落大火坑
念彼観音力　火坑変成池
或漂流巨海　竜魚諸鬼難
念彼観音力　波浪不能没
或在須弥峯　為人所推堕
念彼観音力　如日虚空住
或被悪人逐　堕落金剛山
念彼観音力　不能損一毛
或値怨賊繞　各執刀加害
念彼観音力　咸即起慈心
或遭王難苦　臨刑欲寿終
念彼観音力　刀尋段段壊
或囚禁枷鎖　手足被杻械

だのだ。

今、君にそこを簡単に説こう。その名（観音）を聞き、その身を見て、心にしっかり想えば、あらゆる苦しみから救われます。

たとえば敵意を持って、大火の中に落とされてもその観音の力を信じるならば、その火も快適な池となるでしょう。

あるいは大海を漂い、龍や鬼神に襲われても、観音の力によって波に呑み込まれることはないでしょう。

あるいは高い山の頂から落とされるようなことがあっても、観音の太陽が空にかかって助け、落ちることはないでしょう。

あるいは悪い奴におわれて山からつき落とされても、観音の力によって、一毛のケガもすることはないでしょう。

あるいは怨む者に刀でおどかされても、観音の力によって、怨む者も慈悲の心をわき起こすでしょう。

あるいは権力に迫害され、死刑にならんとする時も、観音の力によって刃はたちまちにこなごなになってしまうでしょう。

念彼観音力（ねんぴかんのんりき）　釈然得解脱（しゃくねんとくげだつ）
呪詛諸毒薬（しゅそしょどくやく）　所欲害身者（しょよくがいしんじゃ）
念彼観音力（ねんぴかんのんりき）　還著於本人（げんじゃくおほんにん）
或遇悪羅刹（わくぐうあくらせつ）　毒竜諸鬼等（どくりゅうしょきとう）
念彼観音力（ねんぴかんのんりき）　時悉不敢害（じしつぷかんがい）
若悪獣囲繞（にゃくあくじゅういにょう）　利牙爪可怖（りげそうかふ）
念彼観音力（ねんぴかんのんりき）　疾走無辺方（しっそうむへんぽう）
蚖蛇及蝮蠍（がんじゃぎゅうぶくかつ）　気毒煙火然（けどくえんかねん）
念彼観音力（ねんぴかんのんりき）　尋声自廻去（じんじょうじえこ）
雲雷鼓掣電（うんらいくせいでん）　降雹澍大雨（ごうばくじゅだいう）
念彼観音力（ねんぴかんのんりき）　応時得消散（おうじとくしょうさん）
衆生被困厄（しゅじょうひこんやく）　無量苦逼身（むりょうくひっしん）
観音妙智力（かんのんみょうちりき）　能救世間苦（のうぐせけんく）
具足神通力（ぐそくじんづうりき）　広修智方便（こうしゅちほうべん）

あるいは鎖につながれて、手足を縛（しば）られても、観音の力によって、その誤解は全て解かれるでしょう。

呪いの呪文や毒薬で殺されそうな時でも、観音の力によって、その本人にそれが返っていくことになるでしょう。

あるいは悪鬼、青龍などの鬼に会っても、観音の力によってあえて自分にそれがふりかからないようにしてくれるでしょう。

あるいは猛獣に囲まれ、鋭い牙や爪にひきさかれようとしても、観音の力によってみんな走って逃げていくでしょう。

蝮（まむし）や蛇やサソリが毒気を炎のように燃やしても、観音の力によって、「念彼観音力（ねんぴかんのんりき）」と誦（とな）える声を聞いて逃げ去るでしょう。

雷とどろき、雹を降らし、大雨にみまわれても、観音の力によって、たちまち消え去っていくでしょう。

我々が困難に見まわれて、量り知れない苦しみが身にせまっても、観音の力によって必ず世間の苦しみを救って下さるでしょう。

観音は、人力を超えた力を備え、広く智慧を修めた方法を巡ら

十方諸国土（じっぽうしょこくど）　無刹不現身（むせつふげんしん）
種種諸悪趣（しゅじゅしょあくしゅ）　地獄鬼畜生（じごくきちくしょう）
生老病死苦（しょうろうびょうしく）　以漸悉令滅（いぜんしつりょうめつ）
真観清浄観（しんかんしょうじょうかん）　広大智慧観（こうだいちえかん）
悲観及慈観（ひかんぎゅうじかん）　常願常瞻仰（じょうがんじょうせんごう）
無垢清浄光（むくしょうじょうこう）　慧日破諸闇（えにちはしょあん）
能伏災風火（のうぶくさいふうか）　普明照世間（ふみょうしょうせけん）
悲体戒雷震（ひたいかいらいしん）　慈意妙大雲（じいみょうだいうん）
澍甘露法雨（じゅかんろほうう）　滅除煩悩燄（めつじょぼんのうえん）
諍訟経官処（じょうしょうきょうかんじょ）　怖畏軍陣中（ふいぐんじんちゅう）
念彼観音力（ねんぴかんのんりき）　衆怨悉退散（しゅおんしったいさん）
妙音観世音（みょうおんかんぜおん）　梵音海潮音（ぼんのんかいちょうおん）
勝彼世間音（しょうひせけんのん）　是故須常念（ぜこしゅじょうねん）
念念勿生疑（ねんねんもっしょうぎ）　観世音浄聖（かんぜおんじょうしょう）

し、あらゆる国々で身を現わさない所はないのです。

地獄、餓鬼、畜生、そして生れ老い、病気になり死すという苦しみも跡かたなく滅してくれるでしょう。

真実の清らかな目、大いなる智慧の目、慈悲の目、常に幸せを願う、そんな観音の心をたえず我々は仰ぎ見なければなりません。

その垢なき清らかな光は、智慧によって闇を破り、災の風や火を収めて、普く世間を照らします。

あわれみの心によって戒めとなし、雷のように震え、慈しみの心が大雲となり、法を甘露の雨の如くそそいで、煩悩の災を滅ぼします。

裁判になっても、戦さとなって軍人として恐怖が生まれても、観音の力によって、あらゆる敵の怨みつらみが退散していくでしょう。

観音という妙なる声、お経や海の潮騒の音など、全てにある音にもそれは勝るものです。ですから、常に観音を念じなければいけま

於苦悩死厄　能為作依怙
具一切功徳　慈眼視衆生
福聚海無量　是故応頂礼

爾時持地菩薩。即従座起。前白仏言。世尊。若有衆生。聞是観世音菩薩品。自在之業。普門示現。神通力者。当知是人。功徳不少。仏説是普門品時。衆中八万四千衆生。皆発無等等。阿耨多羅三藐三菩提心。

せん。

一念、一念、疑うことなきよう、浄聖なる観音は、あらゆる苦悩、死や惑いのある人の依り所となるのです。

あらゆる功徳を備え、慈しみの目で衆生をながめ、無量なる幸福の海とするのです。このために謹んで観音を頭上にいただき奉りなさい。」（お釈迦様のお言葉、終わり）

――その時、持地菩薩は、すぐにその座を立ち上がって、お釈迦様の前に進んで言われました。「お釈迦様、もしみんながこの観世音菩薩品の説かれている自由自在の働きや、あらゆる所に現れる観音様の力を聞くことが出来れば、大変な功徳があることを知るべきです」と。

お釈迦様がこの普門品をお説きになると、説法を聞いていた会場にいる八万四千の人々は、みな最高、最上の悟りに向かおうという願心を起こしたのです。

――以上、『観音経』の偈文の、原文と現代語訳でした。

▼『延命十句観音経』

次に、観音様のお経の中で『観音経』と同じくらい人気のある『延命十句観音経』について、見ていきましょう。

もともと『十句観音経』と呼ばれていたこのお経のタイトルに、「延命」という語を加えたのは、白隠禅師であるといわれています。

その命名は、治る見込みのないといわれた不治の病の者が、このお経を千回誦えたら奇跡的に回復した所からつけられたそうです。

十句四十二文字という短文。テンポよく誦えやすい。

そしてなによりも『観音経』の真髄をよく伝えていることなどが、白隠禅師が推めた理由と考えられます。

ちなみに白隠禅師は、『延命十句観音経霊験記』なる書籍も著しています。

――では、『延命十句観音経』の、原文と現代語訳とを、見ていくことにしましょう。

【原文】

延命十句観音経

観世音
南無仏
与仏有因　与仏有縁
仏法僧縁
常楽我浄
朝念観世音　暮念観世音
念念従心起　念念不離心

【現代語訳】

『延命十句観音経』


観音様に帰依（信仰）いたします。

仏様に帰依いたします。

私たちは、仏様と同じ因によって、仏様と同じ縁によって結ばれています。

そして「仏法僧」の三宝と同じ縁で継がっています。

幸せという悟りの世界は、変わらないから「常」であり、苦しみがないから「楽」であり、他に拘束されないから「我」であり、煩悩がないから「浄」なのです。

朝に観音様を念じ、夕べに観音様を念じれば、一念一念が仏心から起ったものとなり、一念一念が仏心と離れず、全てが仏心となるのです。

――以上、『延命十句観音経』の原文と現代語訳でした。

さて、経文中の「常楽我浄」という言葉について、少し補足させていただきます。

常――無常の世の中を生きていくのに、無常を良く理解し大切にしていくと、やがて不安というものが無くなり波だたない心が具わるようになる。

楽――苦難の世の中を生きるには、よく苦をかみしめて生きていくと、その苦から色々なことを学び、苦からのがれることができるようになる。

我――自分一人の力で生きているのではない。さまざまな縁に助けられ支えられて生かされていることに気づくことにより、他を生かそうという自利利他の働きも生れてくる。

浄――苦や楽だと分け隔てない、浄、不浄との選り好みをしない平等の智慧と慈悲がめばえてくる。

「常楽我浄」について、私なりの解釈をしてみました。

なお、今回、執筆に当たり、宗門の大先輩である故松原泰道和尚『観音経入門』を参考文献とさせていただきました。

その御本の中で、これぞ観音様と思われる名文がありましたので、最後に紹介させていただきます。

「観音様は、自分自身です。ですから男であれば男、女であれば女です。観音様に性がないということです。

――〝戦犯〟に問われて刑死した上野千里さんが、生前の昭和十九年にトラック島に進駐していたときです。米軍の空襲のために収容中の米兵捕虜が二名負傷しました。上野さんは彼らを治療しようとするのですが、上官は銃殺を命じます。

上野さんは〝科学者として、医者として〟の良心に忠実にあれと自己を励まし、上官の命にそむいて彼らに外科手術を施します。

しかし、上野さんが知らぬ間に米兵捕虜はどこかへ運ばれて処刑されてしまいます。

戦後、上野さんは捕虜虐殺の責任を問われて犯罪が成立し、二十四年三月三十一日、グアム島で刑死します。四十三歳でした。――

その上野さんの〝遺詠――みんなに〟という詩があります。

うつむいていればいつ迄たっても暗い空
上を向いて思い切って笑ってごらん
さびしくてどうしても自分が惨めに見えたら
さあ　もっと不幸な無数の人々を考えてごらん
観世音菩薩――これが日本人の古来よりもつ信心です。」

（松原泰道著／祥伝社刊『観音経入門』より）

観音菩薩とその仲間たち

石川知彦
龍谷ミュージアム副館長

▼多面・多臂に「変化」

数ある菩薩の中でも随一の人気を誇る「観音さん」はその種類も多く、様々な姿に「変化」しています。両界曼荼羅では、胎蔵曼荼羅中央の中台八葉院に観音菩薩が配されるのをはじめ、その左側の観音院（蓮華部院）には如意輪、不空羂索、馬頭など多くの観音菩薩が含まれています。また虚空蔵院に千手、蘇悉地院に十一面、遍知院に准胝観音が登場し、その多くが複数の顔や腕をもつ多面多臂像で「変化観音」と呼ばれています。

このうち、日本でとりわけ信仰された七尊を七観音と呼んでいます。変化観音誕生以前の基本形、すなわち一面二臂の観音を「聖観音」と称し、これに十一面・千手・不空羂索・馬頭・如意輪・准胝の各観音を加えた七観音、あるいは六道思想の影響を受けて不空羂索または准胝観音を除外した六観音が流布しました。

京都・大報恩寺には准胝観音を含む六観音の木彫像（肥後定慶作）が揃って伝わるほか、曼荼羅の特殊な例として、金輪仏頂の周囲に六観音を巡らせ、下方に不動・大威徳明王を描いた六字経曼荼羅の存在が知られています。

ここで個別の変化観音を概観しておきましょう。まず頭上に十面を戴く十一面観音は、日本で最初に造立された変化観音で、手が二本の二臂像を基本形にしつつ、四・六臂像も作られました。

鹿皮の衣を纏う不空羂索観音は、奈良時代から造像が見られ、一面三目六臂もしくは八臂像が多く制作されました。

千手観音は千の手と眼を持つと説かれますが、頭上に十面（稀に二十七面）を戴き、大多数の作例は四十二臂像に造られます。

忿怒相で頭上に馬頭を戴く馬頭観音は、一・三・四面、そして二・六・八臂の作例が知られています。

【さまざまな変化観音】

不空羂索観音

千手観音

十一面観音

准胝観音

如意輪観音

馬頭観音

六臂立膝の坐像を基本とする如意輪観音ですが、二臂で片足を踏み下ろした姿も如意輪と称される場合があります。

真言系六観音に数えられる准胝観音は、准胝仏母とも称され、一面三目十八臂もしくは一面二目八臂像に造られます。

▼三十三の姿に変身！

観音菩薩の様々な効験を説く『法華経』普門品（観音経）には、観音が衆生を救済するために三十三の姿に応現する（変身して現れる）ことが説かれ、これを「観音三十三身」と呼んでいます。仏身をはじめ釈迦の家来の八部衆身に毘沙門身、果ては長者身や童男・童女身なども説かれ、『摂無礙経』にその形姿が説かれます。鎌倉期の奈良・能満院本では、海上の岩上に立つ十一面観音の四辺に三十三身を配しており、また中央の聖観音の左右の区画に三十二身を描いた東京国立博物館本（室町期）などがあり、

観音三十三応身像
（室町時代、東京国立博物館蔵）
〈出典：国立博物館所蔵品統合検索システム〉

近世に至ると多くの彫刻作例が見られます。

この三十三身に触発されて中国で成立したのが「三十三観音」です。三十三観音には、インドで成立していた楊柳、白衣、青頸観音などに加え、中国生まれの水月、滝見、蛤蜊観音、そして魚藍、馬郎婦観音といった美貌の女性の説話に基づく観音も含まれます。

また同じく三十三身から派生したのが、三十三所観音巡礼です。平安時代には始まっていた西国三十三所観音霊場を皮切りに、日本各所に三十三箇所からなる観音霊場が形成されていきました。

▼多彩な家来と仲間たち

観音は勢至菩薩とともに阿弥陀如来の脇侍となり、阿弥陀三尊を形成しますが、一方で観音が主役となり、周囲に部下や家来を従える例があります。その代表例が千手観音に従う二十八部衆で、千手観音とその経典を信ずる者を守護すると説かれます。

金剛力士や八部衆、梵天・帝釈天・四天王といった天部、そして胎蔵曼荼羅で千手観音の両脇に立つ功徳天と婆藪仙、風神・雷神などが顔を揃えます。大陸に古い作例は見当たりませんが、日本では鎌倉期の蓮華王院三十三間堂像（国宝）をはじめ、大分・富貴寺大堂の来迎壁背面の壁画や、福島・恵隆寺の木造二十八部衆像の一部など、平安後期から作例が確認できます。また南北朝期の京都・永観堂禅林寺三幅本では、各尊の傍に尊名を記した短冊型が付され貴重な存在です。これら千手観音二十八部衆像に関連し、胎蔵曼荼羅に表された功徳天と婆藪仙のみを、千手観音の両脇侍のように描いた作例が見受けられます。

また密教系の個別の尊像を主尊とする別尊曼荼羅も知られています。帰国後の空海が供養したことが知られる千手観音曼荼羅や、北斗七星と訶梨帝母を如意輪観音の周囲に配した七星如意輪曼荼羅は、前述した六字経曼荼羅とともに若干の現存例を確認できます。また聖観音の左右に不動・大威徳明王を描いた鎌倉期の聖観音曼荼羅（滋賀・長寿寺蔵）は、六字経曼荼羅の一類型である可能性が指摘されています。

いま述べた二十八部衆や曼荼羅は、ともに経軌に説かれた存在ですが、実際に各地の寺院で観音が個別の脇侍を伴って祀られる例が見られます。その代表例が、比叡山横川中堂に祀られた本尊聖観音と両脇の不動明王・毘沙門天の三尊です。この三尊の組み合わせは、天台系の寺院を中心に全国に広まり、中尊が聖観音以外の観音も含め、また観音以外の尊像にも及んで不動・毘沙門を従えた三尊が流布しました。

同じく特定の寺院で個別の事情により祀られる三尊として、西国札所の長谷寺では、本尊十一

千手観音二十八部衆像
（南北朝時代、京都・永観堂禅林寺蔵）

面観音の左右に難陀龍王と雨宝童子が祀られますが、この三尊を表した絵画や彫刻作品がまま見受けられます。

同じく札所の清水寺では、清水寺縁起に基づいて毘沙門天と勝軍地蔵を本尊千手観音の両脇に祀っており、この特殊な三尊を写した模刻像や懸仏のほか、下方左右に地蔵菩薩と毘沙門天を配した室町期の千手観音曼荼羅（滋賀・油日神社蔵）も伝わっています。

また、やはり札所の和歌山・粉河寺の本尊千手観音と二十八部衆を描いた画幅では、粉河寺縁起に登場する大伴孔子古と童男行者が描き添えられ、滋賀・石山寺では本尊如意輪観音の両脇侍として、執金剛神と蔵王権現が祀られています。

この石山寺三尊の影響を受けてか、理源大師聖宝は、修験の聖地となる大峯山上（金峯山）に、如意輪観音を中尊として左右に多聞天と蔵王権現が立つ三尊像を祀るなど、各地でユニークな観音三尊が造立されたのです。

観音菩薩の名刹と霊場

白木利幸
巡礼研究家

▼天台寺 ——奥州天台密教の拠点——

【住所＝岩手県二戸市浄法寺町御山久保三三】

瀬戸内寂聴師が住職を務めたことにより、全国的に知られるようになった天台寺は、岩手県の北端に位置する山狭の町にたたずんでいます。参道には桂の老木の根元から泉が湧いており、「桂泉観音」と呼ばれる由来となっています。

神亀五年（七二八）聖武天皇の勅願により、行基菩薩が自刻の聖観音像を安置して創建。

坂上田村麻呂が戦勝祈願し、慈覚大師が再建しました。以来、奥州における天台密教の拠点として隆盛してきました。

現在の本堂は南部重信による再建で、本尊とともに重要文化財に指定されています。本尊の聖観音立像は、横縞目が美しく刻まれており、東北から関東にかけて流行した鉈彫りの完成形です。

▼浅草寺――千数百年にわたる霊験――

【住所＝東京都台東区浅草二―三―一】

浅草観音の始まりは、飛鳥時代にまでさかのぼります。漁師の檜前浜成、竹成の兄弟が浅草浦で漁をしていると、一寸八分（約六センチ）の聖観音像が網に掛かりました。その尊像を土師真中知が、自宅に安置。創建にかかわる三人は、隣接する浅草神社に「三社権現」として祀られています。

観光客で賑わう雷門から、人形焼などが売られる仲見世を通って宝蔵門へ。正面に本堂、左手に五重塔が威容を誇っています。

戦後に再建された本堂の内部は、堂本印象の絵画、黄金に輝く須弥壇など、荘厳なたたずまいをみせています。小さな本尊には不釣り合いにも思える壮大な本堂ですが、千数百年にわたる霊験と、絶大な庶民信仰を物語っています。

本尊聖観音像は厨子のなかに安置されており、創建以来一度も開帳されたことがありません。善光寺（長野）阿弥陀如来像、東大寺二月堂（奈良）十一面観音像とともに、「三大秘仏」の一つとされます。

▼大須観音――繁華街の観音さま――

【住所＝名古屋市中区大須二―二一―四七】

名古屋随一の繁華街大須を門前町とする真福寺宝生院は、「大須観音」と親しまれており、買い物途中などに気軽に参拝されています。

左右に回廊を有した本堂は、一階部分がホールになっており、その上にお堂が乗っています。

鎌倉時代に、尾張の某氏が本願のため創建。元弘三年（一三三三）後醍醐天皇が当地に北野天神を建て、能信上人を別当としました。能信は大阪四天王寺に安置されていた聖観音像を移して、本尊としています。

能信上人は書籍の収集でも知られています。国宝四点、重要文化財三十七点など、一万五千点の古文書が収蔵されております。「真福寺本」または「大須文庫」と呼ばれ、世界的にも貴重な資料です。

▼三十三間堂――千一体の千手観音像――

【住所＝京都市東山区三十三間堂廻り町六五七】

栄華を誇る平清盛が、後白河法皇の法住寺殿の一画に蓮華王院を建立。内陣の柱間が三十三あるので、三十三間堂と呼ばれました。鎌倉時代に焼失しますが、ただちに同じ規模で再建されています。南北百二十五メートルにおよぶお堂は、かつて極彩色に彩られており、内部に痕跡を認めることができます。

湛慶作の巨大な千手観音坐像が、堂内の中央に安置されています。その左右に五百体ずつ、背後に一体、合計千一体の千手観音立像が並びます。これは千手観音が千体存在するのではなく、観音の功徳が広大無辺に広がっていることを表しています。さらに、千手観音の眷属である二十八部衆像と、風神像、雷神像を奉安。鎌倉彫刻を中心に、きらびやかな仏の世界が展開しています。

千手観音立像群が平成三十年、国宝に指定。お堂とともに、堂内の千三十二体すべての仏像が国宝となりました。

▼長谷寺――十メートルを超える巨像――

【住所＝奈良県桜井市初瀬七三一―一】

長谷寺

二百メートルの登廊（回廊）が山麓から延びており、三つに折れて本堂へと導いてくれます。国宝に指定された本堂は、舞台造りの巨大建築です。

長谷寺は、花の名所としても知られています。特にボタンの季節には、多くの参詣者で賑わいます。

古くは「隠りくの初瀬」と呼ばれて、魂が鎮まる地でした。朱鳥元年（六八六）飛鳥川原寺の道明上人が、文武天皇のために銅板法華説相図（国宝）を、西の岡に安置したのが始まりとされ、これを本長谷寺と呼びます。現在の長谷寺は、西国観音巡礼の開創者でもある徳道上人が、神亀四年（七二七）聖武天皇の勅によって、東の岡に創建しました。

平安時代には、日本有数の観音霊場に発展。都の貴族たちが、観音の霊験を求めて参籠しました。琵琶湖から流れ出た巨大な霊木で、十一面観音像を制作したと伝わります。何度も焼失して、現在の像は天文七年（一五三八）の作であり、十メートルを超える巨像です。右手に錫杖を持つ特異な姿をしており、長谷寺式観音と呼ばれています。

▼千光寺 ——風光明媚な観音さまのお寺——

【住所＝広島県尾道市東土堂町一五—一】

坂と文学の町「尾道」には、由緒ある古寺が狭い斜面に点在しています。浄土寺、西國寺、千光寺を「尾道三山」と称しますが、なかでも風光明媚で知られているのが千光寺です。

大同元年（八〇六）に建立され、源氏の祖である源満仲が中興しました。聖徳太子の作と伝わる本尊の千手観音立像は、火伏せ観音として信仰されています。

千光寺山（大宝山）の中腹に建つ本堂は、貞享三年（一六八六）の建立。断崖に張り出した舞台造りで、赤堂とも呼ばれています。尾道の街並みと、向島とのあいだの狭い尾道水道など、眼下に絶景が広がります。

如意宝珠が夜ごとに光を放った「玉の岩」、烏天狗が刻んだ「夫婦岩」、種子曼荼羅が掘られた梵字岩、七仏通戒偈の岩など、奇岩が点在します。ロープウェイの山頂駅から本堂にかけては、文人墨客の文学碑をめぐる「文学のこみち」になっています。

▼日本百観音巡礼——観音さまの聖地を巡り歩く——

近畿を中心とした西国三十三所観音巡礼、関東一円の坂東三十三所観音巡礼、そして埼玉県秩父市周辺の秩父三十四所観音巡礼を合わせて、日本百観音巡礼と呼ばれます。

養老二年（七一八）徳道上人によって開創されたと伝えられる西国巡礼は、日本の根本的な巡礼です。西国巡礼の影響を受けて、鎌倉時代に坂東巡礼が成立。続いて室町時代に秩父巡礼が、最初は三十三所で開創されました。後に、秩父巡礼の諸事情によって一か所増えることになり、日本百観音巡礼を提唱し始めます。そして、秩父巡礼第三十四番水潜寺が、日本百観音総結願寺を称するようになりました。

そのような経緯もあって、日本百観音は主に秩父巡礼で使われる名称であり、西国巡礼や坂東巡礼で用いられることは、ほとんどありません。百観音としての巡礼も、関東圏からの者が多く、江戸時代以前から行われていました。

▼九州西国三十三所巡礼 ——日本最古の観音巡礼——

宮崎県と鹿児島県を除く、九州の北部を範囲としており、かつては「筑紫三十三所」と呼ばれていました。修験道の霊山である英彦山から始まり、国東半島、別府、阿蘇、熊本、佐賀、長崎、佐世保、唐津から博多を経て大宰府の観世音寺に至ります。

和銅六年（七一三）法蓮上人と仁聞菩薩が、日子山権現のお告げによって、二人の弟子とともに十八か所の霊場を巡礼。さらに天平三年（七三一）熊野権現のお告げで、九人の弟子を加えた十六人で、十五か所を追加巡礼したとされます。西国三十三所観音巡礼よりも五年早く開創されたことになり、日本最古の巡礼と称しています。

九州北部は大陸と関係が深く、交易などで文化的にも古くから交流のある地域でした。そのため、仏教公伝より前に創建されたと伝えられる、第一番霊泉寺などのお寺も含まれています。

《エッセイ》私と観音さま①

露の団姫（つゆのまるこ）
落語家
天台宗僧侶

私たち夫婦みたいなコラボ像

皆さまこんにちは！　露の団姫（つゆのまるこ）と申します。私は日頃、自作の仏教落語を口演していますが、その中に『仏は君をホットケない』というお噺（はなし）があります。

あるとき、コンビニ帰りにバナナの皮に滑って死んでしまった田中健二君。三途（さんず）の川を渡ろうとしますが、六文銭（ろくもんせん）が無いうえ泳げないため、お地蔵さんに相談します。そこで、お地蔵さんが困っている田中君を救うために電話をかけた先が〝ハローワーク極楽〟。田中君はスーパーでバイトをして六文銭を稼ぐことになりました。そのスーパーの各部門の担当者が諸仏諸菩薩という設定なのですが、このお噺の中で観音様は「CDショップの責任者」をされています。これはなぜかというと、観音様は世の中の人々の苦しむ声、助けて欲しいという心の音を観じとってくださるからです。さらにこの観音様は従業員同士の合唱団にも入っておられますが、この合唱団は歌が苦手な人でも入れることになっています。そう、手を合わせて仏様を念じる「合掌」の心があれば入れる「合掌団」なのです。『仏は君をホットケない』は、この不思議なスーパーで働きながら田中君が己の仏性に目覚めていくというお噺ですが、作品の狙いはお客様に仏様の役割を知ってい

キリシタン観音様（右）をお迎えした筆者（上）

ただき、さらにはその存在を身近に感じていただくことにあります。なんとも馬鹿馬鹿しいお笑いではありますが、私は自身のライフワークとしてこのような活動に取り組んでいます。

さて、そんな私のもとへ、先日、不思議な観音様がやってこられました。きっかけは二〇一八年三月、兵庫県多可（たか）郡にある天台宗・極楽寺へ夫とともに行ったときのことでした。ちなみに私の夫は太神楽（だいかぐら）曲芸師の豊来家大治朗（ほうらいやだいじろう）といいますが、実は洗礼を受けているクリスチャンでもあります。お坊さんとクリスチャンの結婚というと驚かれる方も多いのですが、有り難いことに天台宗では毎年「宗教サミット」をやっているぐらいなので、私の周囲のお坊さんたちは夫の信仰を受け入れてくださる方ばかりです。これは余談ですが、ここだけの話、夫は頭皮がかなり薄いため、その髪型と信仰から、近所の子どもたちに「ザビエル」というあだ名で呼ばれています。

そんな夫とお邪魔した極楽寺さん。高座をおりるとご住職が「実は団姫さんに差し上げたいものが…」と小さな箱を出してこられました。あけてみると、そこには手のひらサイズの観音様がいらっしゃったのです。そして、よーく見てみると……驚きました！　なんとその観音様の手には十字架が握られていたのです。今まで「なんとなくマリア様に見える」とか、「裏側に十字架が彫ってある」というような「マリア観音」様は見たことがありましたが、これだけハッキリとした「キリシタン観音」様ははじめてでした。聞けばこの観音様、とあるご縁で極楽寺さんへ来られたようですが、ご住職はこの観音様をはじめて見た瞬間から「団姫さんのところへ行くべき観音様では⁉」と思われたそうです。こうして、この不思議な観音様をお迎えすることになりました。

先日、実家の母にこの観音様を見せたところ、母が「これはすごい！　ほな、今度はディ○ニーのキャラクターとコラボした観音様が団姫の家に来たりして！」とひとこと。これにはさすがの私も「ちょっと！　なんぼなんでも観音様はさすがにそこまで変化（へんげ）しないでしょ！」。すると今度は親父（オヤジ）ギャグが大好きな母が満面の笑みで「ええ？　こんなこと観音様に言うたら、あ**かんのん**？」――これには思わずズッコケでした。

嬉しいご縁をいただいたキリシタン観音様。この観音様、そしてクリスチャンの夫とともに、より一層の宗教平和活動に取り組んでいきたいと思います☆

《エッセイ》

私と観音さま②

松久佳遊（まつひさかゆう）
仏師・仏絵師
松久宗琳佛所所長

父のことばと観音さま

観音さまはどんなお姿をなさっているのでしょうか。

観音さまに限らず仏さまを描いたり彫刻したりする時、いくつかある決まり事と現存するどなたかの手からつくられた彫刻や絵画などを紐解きながら、私のなかでの観音さまのイメージの扉を開けてゆきます。

色もカタチもおぼろげですが、扉を開けた時のイメージは逃がさないようにスケッチしておかねばなりません。イメージの中の観音さまを線で少しずつ探りながら、現れて来られるのを捉(とら)えるのです。

この扉はいくつもあります。

あらかじめ殆ど中身がわかっているもの。

何があるのか想像もつかないもの。

外部から開けて欲しいと頼まれるものなどさまざま。

私にとって、仏さまは出会いなのです。

では、観音さまはどんな仏さまなのでしょうか。

観音さまは変化(へんげ)する存在です。なぜ変化するのでしょうか?

如来さまより身近で親しみやすく、私的な頼みごともしやすい存在だからこそ、自在に変化し、さまざまなお姿で表されるのではないでしょうか。

慈悲のこころで衆生(しゅじょう)を救うことは同じなのですが、如来さまは高い精神性を持ちスケールの大きい確固たる存在として、シンプルでどっしりとした表現を心がけます。

対して観音さまは、菩薩の存在であるがゆえに、もう少し人に寄り添った部分をそなえています。

本来なら近寄りがたく気高い存在でありながら、わかり易いように自在に変化し、さまざまな場所に現れます。

しかも男女どちらでもない観音さまは、性別を超えた魅力的な美しさがあります。表現の自由度が高く姿の美しい観音さまは、私としても

筆者作「花かんのん」

装(よそお)ってあげたい仏さまです。衣の表現や飾りなど、工夫を凝らせるところが数々あるので、観音さまに喜んでいただけるようワクワクしながら楽しんでいます。

宝冠など装飾をたくさん身につけ、美しいとりどりの衣を身にまとい、ご自身の美しさをいや増すことと同時に、観音さまの本質的なお姿とは何だろうかといつも自問自答しながら手を動か

しています。

一枚の紙から始まり、一幅(いっぷく)の絵の中に顕れた仏さまが私の思惑と一致することをのぞんでいるわけではありません。それは彫刻でも同じことです。木の中から顕れる仏さまが思い通りになるわけではないのですが、つかみどころのない幻のようなイメージを木の中に落とし込んでいくという難しくも楽しい作業に没頭する事こそ、仏さまを彫るということの醍醐味であると考えています。

木を選び、寄り添うように直に木の感触を味わいながら仕事を進めていった後にやっと出会えたお

筆者画「如意輪観音」

姿は、私の思いなどはるかに超えて、実体として存在し顕れるのです。

手がける段階においてとりわけ楽しいのは手をつくる事でしょうか。繊細な指先の表情、やわらかな掌(てのひら)や手指にもつ蓮の花は不自然にならないように気を遣います。もちろん言うまでもなくお顔の表現は難しく重要ですが、手は大切な観音さまのメッセージを伝える働きがあるのです。

亡き父は戦争や病気など苦労を乗り越えて「観音の宗琳(そうりん)」とまで呼ばれる程、観音像の制作を得意とし、そして大好きでした。その父をさしおいて、私が観音さまのことを語るのはいささか烏滸(おこ)がましいのでは、という気持ちもあります。

父はよく「君の観音さまには女性らしい色気がある。女性の作ならではの魅力がある」と言ってくれました。私は人間でも仏像でも、美しいものには「色気」はとても大切なものだと考えています。例えば、咲き初(そ)めた花は、得(え)も言われぬ清冽(せいれつ)な色気を湛(たた)えていますね。ですので、これはとてもうれしい評価でした。

時折、褒め上手だった父のことばを懐かしく思い出しつつ、自分自身の観音さまと向かい合い続けています。

第四章

不動明王(ふどうみょうおう) 早わかりガイド

南無大日大聖不動明王

不動明王とは？

北尾　隆心
種智院大学教授

▼不動明王とはどんな仏さまか

不動明王は日本において最も親しまれている仏さまであり、その起源は「動かないもの」ということを表すサンスクリット語の「アチャラ（Acala）」であるとされ、インドにおいて生じた仏さまであります。

それ故に多くの経典の中に不動明王の記述は存在しておりますが、その中でも最も古いものとされているのが、菩提流支訳の『不空羂索神変真言経』であり、そこには「不動使者あり。左手は羂索を執り、右手に剣を持して半跏趺坐す」とあって、不動明王の最も大きな特徴でありますす右手に剣、そして、左手に羂索を持っていることが記されております。

そして、善無畏・一行共訳の『大日経』には「不動如来使あり。慧刀と羂索とを持し、頂髪を左肩に垂らす。一目にして諦観し、威怒の身に猛焔ありて盤石に安住す。面門に水波の相あり。充満せる童子の形なり」とあって、剣と羂索を持ち、垂髪で片目をつぶり、忿怒の姿で火炎を背負い、盤石に坐して、額にはしわがあり、肥満した童子形のお姿であるとされております。我々がよく知っている不動明王のお姿に近いことがわかります。

しかし、両経では不動明王は如来の使者とされております。不動明王のサンスクリット名は前述した「アチャラ」か、もしくは「アチャラナータ（Acala-nātha）」とされます。この「ナータ」とは「尊者」という意味で、「アチャラナータ」より「不動尊」という名称が生じたとされています。

弘法大師空海（七七四〜八三五）も「不動尊」という名称をよく使用されておりますが、実は不動明王に対応するサンスクリット語は現在まで存在していないのであります。

そして、インドにおいては我々が知る不動明王像はほとんど存在しないのであり、つまり、我々がよく知る不動明王像は日本において完成を見たと言っても過言ではないのであります。

▼不動明王のお姿などについて

日本における不動明王像は、三種類、存在しております。

その一つは中国の影響を受けて、空海によって広められた不動明王であります。

その特徴は、剣と羂索を持ち、総髪(そうはつ)の頭上に蓮華を載せ、弁髪(べんぱつ)にしており、そして、最も大きな特徴は両目を見開き、上歯で下唇をかみ、二本の牙が下を向いているということであります。

この不動明王の例としては、胎蔵曼荼羅(たいぞうまんだら)の持明院(じみょういん)に居(お)られる不動明王や空海が制作された不動明王を挙げることができます。

これに対してもう一つの不動明王像は、空海によって広められた不動明王の後に現れてくる不動明王であります。

その不動明王は一般に「十九観(じゅうくかん)の不動明王」と呼ばれており、日本において不動明王が説かれている多く経典の中に示された不動明王の特徴を整理して十九にまとめ挙げられて成立した不動明王であります。

前述の空海によって広められた不動明王とこの「十九観の不動明王」との大きな相違は、「十九観の不動明王」には頭の上に蓮華を載せないで七つにまげを結って弁髪にしていることと、左

「十九観の不動明王」（作画・小峰和子）

目をつぶっていること（実際には左目を右目より細めた形で画かれます。また、その上で右目を上、左目を下にする天地眼（てんちげん）で表されることもあります）と、右の下歯の牙で右上の唇をかみ、左の上歯の牙で左下の唇をかむ、というところであります。

　このように日本においては二種類

の不動明王が存在するのであり、それに対してある時期より意味付けがされるようになり、両目を見開いた空海によって広められた不動明王を「大日如来より生じた不動明王（大日所変の不動明王）」とし、左目をつぶった「十九観の不動明王」を「釈迦如来より生じた不動明王（釈迦所変の不動明王）」と分類されました。

そして、最後の一つの不動明王でありますが、それは前述の二種類の不動明王とは違ったお姿をしている不動明王で、特異なケースでありますが、天台宗の高僧・智証大師円珍（八一四〜八九二）が坐禅中に感得したとされます「黄不動図」であります。

このように日本においては不動明王には三種類の不動明王像が存在しておりますが、その真言、種字、そしてご利益については全く同じであります。

また、前述の『大日経』にありますように不動明王自身が童子形で表されているために、脇侍とされる仏さまも童子のお姿であり、矜羯羅童子と制吒迦童子とされます。そして、不動明王の眷属（従者）として現れる仏さまも、この二童子を含めた八大童子や三十六童子というように、すべてが童子であります。つまり、脇侍、眷属もまた、不動明王像すべて同じ童子形であります。

▼不動明王の真言や種字について

次に不動明王の真言でありますが、不動明王には三種類の真言が存在しております。

その中で一番よく知られているものは、不動明王が大慈悲をもってすべての人を救って下さるという「慈救呪（じくじゅ）」で、左記のようなものであります。

「ノウマク・サ（ン）マンダ・バザラダン・センダマカロシャダ・ソワタヤ・ウン・タラタ・カン・マン」

（あまねく金剛尊（こんごうそん）に帰命（きみょう）したてまつる。恐ろしき大忿怒尊（だいふんぬそん）よ。打ちくだきたまえ。フーン。トラット。ハーン。マーン）

この慈救呪の中の「センダマカロシャダ」とは不動明王の別名とされており、そして慈救呪の最後の部分の「カン・マン」を一字とした「カンマン」が不動明王の種字とされております。

不動明王の種字、「カン」（上）と「カンマン」（下）

次に、不動明王の種字「カン」より生

じた真言であります「一字呪」があります。左記のようなものであります。

「ノウマク・サ（ン）マンダ・バザラダン・カン」

（あまねく金剛尊に帰命したてまつる。ハーン）

この一字呪は、金剛部の諸尊に付せられる定型句「ノウマク・サ（ン）マンダ・バザラダン」に不動明王の種字であります「カン」がつけられて出来ております。

そして、不動明王の最も長い真言が「火界呪」で、

「ノウマク・サラバタタギャテイ・ビャク・サラバ・ボケイビャク・サラバタ・タラタ・センダマカロシャダ・ケン・ギャキ・ギャキ・サラバビキンナン・ウン・タラタ・カン・マン」

（あらゆる方角を向きたもうすべての如来に帰命したてまつる。トラット。大忿怒尊よ。カン。あらゆる仕方で、一切の障難を滅したまえ。滅したまえ。フーン。トラット。ハーン。マーン）

というものであります。

この火界呪は不動明王が火の中に居られる姿を表しており、不動明王の修法において使用します。

▼不動明王のご利益について

不動明王のご利益はすべてに渡っており、幅広いご利益があるとされております。

それ故に、真言宗においては護摩を焚く修法であります「護摩法」が修されておりますが、この護摩法のご本尊さまは一般的に不動明王であります。

実際に護摩法が修されているところを見るには、成田山新勝寺（千葉県成田市）や川崎大師平間寺（神奈川県川崎市）などへお詣り頂くとよいかと思います。

この不動明王をご本尊さまとします護摩法は「息災法」といい、不動明王の力によってすべての災いを取り除き、良き方向へ向けてくれるとされており、災厄消除・病気平癒・心願成就などの願いが叶うとされております。

また、不動明王の信仰は古くより我々日本人の中に根付いており、多くの不動尊霊場が存在しております。

その霊場の中には、不動明王の眷属であります三十六童子にちなんで「三十六不動尊霊場」と名付けられた霊場が日本全国にあります。

また、不動明王をお祀りするお寺が日本全国に無数に存在するのも不動明王の人気がある証拠と思われます。

不動明王よくある質問

名取芳彦
真言宗豊山派密蔵院住職

Q．どんな仏さま？

A．悪を排斥する召使役

不動明王は大日如来の命を受けて、素直にさとりを目指そうとしない者を憤怒の姿で教化すると言われています。いわば、仏さまの召使役なので、こまごました仕事をこなす童子の姿（屋外で駆けずり回って日焼けしているので、肌は青黒）が一般的です。

行者にとっては、常に寄り添ってさとりにあこがれる心（菩提心）を起こさせ、悪を断じ、善を修させて成仏させる手助けをすると言われています。

特に悪を排斥する力の強さから、諸魔降伏の尊格として信仰を集めています。

Q．どんな時に拝めばいいの？
A．どうしようと迷ったときに

不動明王の不動は、心が動かないということ。決意や覚悟と言いかえてもいいでしょう。

私たちは迷っている間は動けません。決めないと動けないのです。

あなたが身につける服や装飾品は「これにしよう」と決めて着たり、身につけたりしているでしょう。食事の時、「これを食べよう」と決めなければ箸はうろうろと迷い箸になります。「そんなことまで考えて動いていない」と思っている場合は、「どれでもいい、どうでもいい」と決めているでしょう。

決めれば、あとは動くだけです。

背後の火炎は
煩悩を焼きつ
くす迦楼羅炎
向かって左は目をつり上げ、
下の歯で上唇をかむ憤怒の形
相。右は反対に悲しみの表情
一束にした髪を、衆生を表す左側（向かって右）に垂らし、衆
生を救うことを示す。七つに区切られる髪の束は七覚支を表す
乱れそうになる心を縛
り止めておく羂索とい
う縄を左手に持つ
怠ける心やこだわ
る心を切り捨てる
利剣を右手に持つ

（筆者自坊・密蔵院の本尊　不動明王像）

その意味で、不動明王は私たちの行動原理を説く仏さまです。「心を決めなさい。そうしたら、動きだしなさい」と私たちに勇気を与え、背中を押してくれる仏さま（厳密には仏ではなく明王ですが、多くの日本人はあまり気にしていません）と言えるでしょう。

仏教での不動明王の役割は、「さとりに憧れ、それに向かって一歩踏みだせ」と背中を押すことです。亡くなって間もない人の初七日（しょなのか）の本尊に不動明王が配当されているのもうなずけます。

「決めないと動けない」のは当たり前なのですが、「決める」ことにはもう一つの側面があります。それは、一つに決めたら他を捨てる覚悟が必要だということです。

お昼に入ったお店でA～Cランチがあって、Aランチに決めたら、他の選択肢は捨てたということです。隣の席に運ばれてきたBランチを見て「あれにすれば良かったかも」と考えるのは、「決める」と対になっている「他を諦める」覚悟をしていないのです。仕事や伴侶を決める時も同様。その覚悟をしないとすぐに仕事も嫌になり、浮気するようになります。

どうしようと迷った時に不動明王に手を合わせてみてください。心の中にある決める勇気と、動く覚悟のスイッチが入ります。

Q．なぜ恐ろしい顔をしているの？

A．甘える心を戒めるために

人はやさしく導かれて良い方向に行くことがあります。しかし、やさしくされるだけでは、「やらなければいけないけれど、少しくらい放っておいてもいいかな」と易きに流れ、「大変そうだから、だれかに手伝ってもらおうかな」と甘えてしまうこともあります。

そんな時、「こらっ！」と恐い顔をして怒られることで、ズルをしたい気持ちにブレーキがかかり、悪いことから遠ざかれる場合もあります。

不動明王は、私たちの甘えや悪いことをやめようとしない心を戒めるために、眦（まなじり）を決し、歯を食いしばって恐ろしい形相（ぎょうそう）をしていらっしゃいます。その強い思いに合わせるように、慈悲を表す蓮（はす）ではなく、岩山などの強固な物の上にいらっしゃいます（蓮は足元にありませんが、悩める衆生をさとりの岸に運ぶために、蓮を頭上に載せている尊像もあります）。

Q．なぜ髪を束（たば）ねて左に垂らすの？
A．衆生（しゅじょう）を救おうとする意思表示

お寺にやってきた二十代の女性に「お不動さまはおっかない顔をしているけど仏さまの中で一番やさしいって祖母が言っていましたけど、そうなんですか」と聞かれました。「そうだよ。おばあちゃんはいいことを言うね」と私は返しました。

不動明王の尊像は多くの種類がありますが、その中に顔の左右が異なっているものがあります。向かって左側は「そんなことをしていてどうする！」と怒る形相で、目がつり上がり、下の糸切り歯で上唇（うわくちびる）を噛みます。それに対して右側は悲しみの表情で、目尻や瞼（まぶた）が下がり、上の糸切り歯で下唇を噛んで、「ほんとうは怒りたくないのだ」と悔しがっています。内に慈悲を秘めているのです。

一束にした髪は左側に垂れています。左は衆生を表すので、衆生を救おうとする意味です。また、一束になった髪は七つに区切られ、さとるための七つの注意や方法（七覚支（しちかくし））を示しています。

・択法（じゃくほう）……真実の教えを選び、偽りを捨てる
・精進（しょうじん）……努力する
・喜（き）……教えを実践することを喜ぶ
・軽安（きょうあん）……身心をかろやかにする
・捨（しゃ）……こだわりを捨てる
・定（じょう）……心を集中して乱さない
・念（ねん）……思いつづける

髪の区切り方の中にも「こうすれば心がおだやかになれますよ」と諭してくれているのですか

ら、やさしい仏さまです。まるで慈悲が憤怒の皮をかぶっているようなものだと思います。

Q．どうして右手に剣を持つの？
A．怠ける心を切り捨てるため

さとるための七覚支を実践するためには、怠けようとする心やこだわる心を切り捨てなければなりません。そのために右手に利剣と呼ばれる剣を持ちます。私たちも心の中にこの剣を持っているのですが、刃こぼれしたり、さびたりしていることが多いようです。

いつでも、どんなことが起こっても心がおだやかな状態のさとりは、風雨がおだやかな状態にもたとえられ、海に面した地域では、荒波や暴風を切っておだやかにする波切り不動が祀られていることが少なくありません。

また、利剣に倶利伽羅竜王がぐるぐると巻きついた形（倶利伽羅剣）だけで不動明王を表すこともあります。

Q. どうして左手に縄を持つの？

A. 乱れそうな心を縛り止めるため

左手には羂索という縄を持っています。これは、ともすれば、乱れそうになる心を「ふらふらするな！」と縛り止めておくためです。私たちもこんな縄を心に常備しておきたいものです。

Q. どうして火炎を背負うの？

A. 煩悩を焼きつくすため

不動明王の背後にある火炎は迦楼羅炎と呼ばれます。迦楼羅は仏典に登場する大鳥で、火を吐き、竜を食べると言われています。密教では梵天の化身で、煩悩という悪竜を食べるとされます。つまり、煩悩を焼きつくす炎です。

尊像によっては炎の中にこの鳥の姿が隠れている場合がありますから、隠し絵のつもりで探してみるのもいいでしょう。

Q．なぜ入れ墨に多く使われるの？
A．弱い者にとってのお守りと憧れ

この質問は、離婚した奥さんと一緒に暮らしているお嬢さんに会いたいと、ヤクザ稼業から足を洗った人に私がした質問です。

彼は次のように答えてくれました。

「住職さん、人というのは弱いものです。特にヤクザの世界に足を踏み入れるやつらは心が弱い。強ければまともに働いて暮らせます。でも、それができないんです。いじめっ子だって本当は弱虫だから、自分より強い者はいじめないでしょ。強ければ弱いもののいじめなんてしませんよ。一方で、強い者に対する憧れもあります。不動明王や倶利伽羅剣の入れ墨は、本当は弱い私たちにとって、お守りであり、憧れでもあるのです」

とてもわかりやすい説明だと思いました。残念ながら奥さんからは「娘が会いたいと言うまで、会わせるつもりはない」という厳しい返事が返ってきたそうです。

Q．坐像と立像があるのはどうして？

A．揺るぎない決心と行動力を表す

僧侶が不動明王を拝む時に使う本には、この明王は「宝磐山に坐したもう。傾動なきことを表す」とありますから、行者がイメージするのは岩山の上で結跏趺坐している姿です。坐った姿は堂々としていて、決心に揺るぎがないことを表すのに適しています。

一方、決心し、覚悟したあとは具体的に動きださなければなりません。立像はその行動力を説き示すのに適していると言えるでしょう。

ちなみに、「寺に祀られている不動明王が坐像なら住職は寺にいることが多く、立像なら住職は外出していることが多い」という〝お寺あるある〟の話があります。これを踏まえて私は檀家さんに「住職はいつもお寺にいない」と皮肉を言われた時は、「だって、密蔵院のお不動さまは立っていますからね」と言い訳することにしています。

日本人と不動明王

長沢利明（ながさわとしあき）
法政大学講師

▼不動信仰と古典

不動明王という仏は、もちろんインドで生まれ、中国を経てわが国へ伝えられたのですが、その信仰はほとんど日本で独自に発達したもので、これほど熱心に不動が信心されている国はほかにありません。空海や円珍（えんちん）の手でそれがわが国にもたらされて以来、不動信仰は平安時代の密教寺院を基盤におおいに隆盛し、特に貴族階級を中心としてあつく信心されるようになって、各地の寺院に不動明王像が祀られるようになりました。

とはいえ、初期の不動像は仏像よりも画像が中心であったようで、いわゆる「日本三不動」も、そこで生み出されていくことになります。日本三不動とは高野山明王院（和歌山県）の「赤不動」、園城寺（三井寺・滋賀県）の「黄不動」、青蓮院（京都府）の「青不動」のことをいい、赤・黄・青の色調を基本として描かれた、いずれも絹本着色図の画像本尊で、今日ではそのどれもが国宝・重要文化財に指定されています。

円珍の黄不動感得説話はよく知られており、三井寺の開祖となる円珍（智証大師）が比叡山の山中での修行中に不動が現れ、その姿を絵師に描かせたのが黄不動像だといわれています。この黄不動の画像は八三八年（承和五年）に描かれたもので、最古の不動像とされているのです。高野山南院に祀られている「波切り不動」も、空海が唐から帰朝する際に顕現したものと、縁起には述べられています。

不動のことは古典文学の中にもよく語られていますが、『源氏物語』（常夏の巻）には「不動の陀羅尼よみ、印つくりて居たらむもにくし」などと記されています。不動の陀羅尼とは、「ナーマク、サーマンダー、バサラナン、センダマーカロシャーナ、ソワタヤウンタラタ、カンマン」の梵語の呪文のことで、末尾の「カンマン」が不動の種字となるのです。『枕草子』には数々のありがたい仏として、諸菩薩の名が列記されていますが、明王の部として唯一、不動の名があげられています。

『今昔物語』に収められた「泣き不動（身代り不動）」の説話では、三井寺の証空という僧が師の病苦を自身が引き受け、身代りになるという話となっており、それに感動した不動が涙を流して、さらに身代りになったという有名な話が語られています。『宇治拾遺物語』にも、いくつかの不動の説話が収められていますが、比叡山無動寺の相応という僧侶が比良山の三滝で修行中に、出現した不動に背負われて、遠い兜率天の世界をおとずれるという物語などは、なかなかおもしろい話といえるでしょう。

烈火の中に座しての火生三昧にあって、手には宝剣と羂索とを持ち、忿怒の相貌で衆生をにらみつける不動の姿は、「不動明王恐ろしや、怒れる姿に剣を持ち、索を下げ、後に火焔燃え上るとかやな」と『梁塵秘抄』に歌われた通りで、まことに怖い表情をしています。しかし、その恐ろしい怒りの力で魔をしりぞけて打ち破り、いっさいの罪障を宝剣で斬り捨て、大智慧の浄火で衆生の煩悩を焼きつくすと信じられたがゆえに、不動は深く民衆に受け入れられていったのでしょう。

▼修験道と不動信仰

中世から近世にかけての修験道の世界では、不動は大日如来の化身として位置づけられ、修行者の守護神として深く信仰されていくようになります。歌舞伎の『勧進帳』の中で、弁慶が朗々と語る「山伏問答」はことに有名ですが、「それその修験道の説く仏法といえば、不動明王の説く中で、慈悲をあらわす」と述べるくだりがそこにあります。弁慶が身にまとう山伏のいでたちは、「すなわち、その身を不動明王の尊形に象るなり。あまねく一切の金剛、特に大忿怒の相を現して堅固の徳を備える不動明王に、帰依し奉る」ものだと説明され、山伏と不動との深いつながりを述べています。

山中の地名に、「不動ヶ岳」・「不動岩」・「不動池」といったものがよく見られるのは、そこが修験者の修行の場であったことの証です。山梨県富士吉田市にある「不動岩」の場合、そそり立つ巨岩の頂に、「カンマン」の種字が刻まれているといいます。山伏の修行の場には必ずといってよいほど、不動が祀られており、彼らを見守り続けてきたのです。

【写真①】深大寺の不動の滝（東京都調布市）

とりわけ重要なのは、滝と不動との深い結びつきでしょう。「不動滝」と呼ばれる滝は至る所にあり、滝のかたわらにはたいてい「滝不動」が祀られています。東京の深大寺（調布市）や喜多見不動堂（世田谷区）にも、「不動の滝」があって、今でも清らかな水が流れ落ちていますが、そこはかつて滝に打たれる修験者たちの水行場だったのです（写真①）。山伏が火渡りの荒行をおこなう時にも、必ず不動を納めた厨子が、脇に安置されることになっていました。

▼不動と庶民信仰

江戸時代になると、不動信仰は広く庶民大衆の中に取り入れられていきました。たとえば、死者供養と結びついた十三仏信仰というものが生まれ、死者の霊魂を迷わず浄土へと導いてくれる十三人の仏の筆頭的地位に、不動が位置づけられていくことになります。葬儀や法要の場に掲げられる十三仏の掛軸は、その十三人の仏たちの来迎図で、その一番手前に不動の姿が描かれています（写真②）。人は誰でも、死

【写真②】十三仏の掛け軸（東京都狛江市）

後七日目の初七日の日に、まず不動の導きを受けて、冥土への旅を始めるといわれてきたのです。この掛軸の前で念仏講中の面々が鉦をたたき、時には大数珠を繰りながら唱えるのが「十三仏」の念仏唄で、「ふーどうしゃーか、もーんじゅふーげん…」という具合に、不動・釈迦・文殊・普賢・地蔵・弥勒・薬師・観音・勢至・阿弥陀・阿閦・大日・虚空蔵の名を延々と連ねて唱和します。その筆頭にいるのが不動なのでした。

不動を祀る寺々には多くの善男善女が参詣におとずれるようになり、さかんな現世利益祈願がそこでなされるようになっていきます。大阪府大阪市の法善寺に祀られた「水掛け不動（西向き不動）」などはことによく知られ、水商売の繁昌に御利益絶大とされて、今でも多くの信徒が不動像に水を掛けながら手を合わせていきます（写真③）。

【写真③】法善寺の水掛け不動（大阪市）

この「水掛け不動」のように、何々不動という言い方で、ニックネームのような名で呼ばれる不動があちこちに生み出されていくのは、それだけ大衆に親しまれてきた証拠で、地蔵や稲荷と同じです。京都府の「北向き不動（不動院）」、大阪府の「どじょ

【写真④】袈裟塚の耳無し不動（東京都荒川区）

う不動（滝谷不動明王寺）」、和歌山県の「帆不動（金剛三昧院）」、東京都の「飛び不動（正宝院）」・「汗かき不動（高幡不動）」・「耳無し不動（袈裟塚）」などなどがそれで（写真④）、それぞれにその由来や説話物語が伝承されています。

関東地方を例に取れば、「成田不動」の新勝寺（千葉県成田市）、「目黒不動」の瀧泉寺（東京都目黒区）、「高幡不動」の金剛寺（同日野市）などが、不動の霊場として大変著名で、正月の初詣でには、たくさんの参詣客がおとずれます。「目黒不動」は「江戸五不動」のひとつとされており、五ヶ寺の不動を祀る寺院が江戸城の四方に配置されて、江戸の街を守護していたと伝えられます。五不動とはすなわち、瀧泉寺の「目黒不動」、新長谷寺（文京区）の「目白不動」、最勝寺（江戸川区）の「目黄不動」、南谷寺（文京区）の「目赤不動」、教学院（世田谷区）の「目青不動」とされていますが、異説もいろいろ聞かれます。これらの不動の縁日は毎月二十

【写真⑤】高幡不動の不動団扇（東京都日野市）

八日と決まっていて、門前市が立つのですが、特に正月のそれは盛況で「高幡不動」の場合、ダルマ市が立って縁起物の不動団扇が授与されるのです（写真⑤）。

成田不動の場合、歌舞伎俳優の市川家が代々、熱烈な信仰を寄せてきたことでよく知られ、初代団十郎がこの不動に祈って待望の後継長男を授かったことがそのきっかけとなりました。以来、代々の団十郎は『兵根元曽我』・『成田山分身不動』・『成田不動霊現記』などなどの、不動をテーマにした演目で次々と大当りをし、「成田屋」の屋号を名乗るようになったのです。熱狂した観客たちはいっせいに、舞台へ賽銭を投げ入れたそうです。舞台上での団十郎の「にらみ」は「不動の見得」と呼ばれ、観客は彼ににらみつけてもらうと、あらゆる病魔から逃れることができるとも言われていました。歴代の団十郎はまさに、不動信仰の生身の体現者としての姿を、庶民大衆の前で演じ続けてきたのです。

（本稿中の写真はすべて筆者撮影）

『仏説聖不動経』講話

総本山園城寺学問所員
鎌倉・金翅鳥院住職
羽田守快

▼秀逸な和製経典

『仏説聖不動経』は、「和製経典」です。つまり、日本で作られたお経ということです。日本で作られたお経というと「偽経」とよんで軽蔑する人もあるでしょうが、しょせんどこで作られようと、人の手になるものであることは変わりありません。日本でできた経典は日本仏教の信仰の歴史の中から生まれたものですから、これを日本でできたという理由のみで頭から否定することは、すなわち日本の仏教それ自体を否定することとほぼ同じだと思います。

不動明王信仰は、中国唐代の密教はいざ知らず、日本で初めて圧倒的隆盛を見たといってよいでしょう。インドはいうに及ばず、中国でも、もはや不動明王信仰は、アジア全体でも大変珍しい部類といえるでしょう。中華圏で人気のある明王は、不動明王ではなく「穢迹金剛」で、これはわが国における烏枢瑟摩（烏枢沙摩）明王に酷似する尊格です。インドではすでに密教は存在していないので、日本僧などが持ち込んだ逆輸入の不動明王信仰でもなければ、これも存在しえないものです。そういうわけで不動明王信仰は、もっぱら日本が中心で長いあいだ展開してきたといって間違いではないのです。

『仏説聖不動経』『聖無動尊大威怒王秘密陀羅尼経』『稽首聖無動尊秘密陀羅尼経』の三つが、日本では不動明王の「三部経」としてよく読まれていますが、いずれも和製経典です。

日本の仏教信仰の要は「読経（読誦）」です。特に庶民信仰においては、熱心であれば必ずお経があげられます。これは『法華経』の「読誦大乗」の思想が背景にあるものと思われます。すなわち、読経には不可思議な功徳があり、読むもの、聞くものの双方が利益されると考えるのです。また、単にそれが現世利益的に良いというのみならず、「一経其耳」といって、ひとたび経典の声を聞けば、仏縁が芽生え、遠くとも必ず仏果を証する善因となると考えるのです。

この故に日本では、庶民信仰のためにさまざまな経典が作られてきたことは、不動明王信仰に限ったことではありません。

そもそも、多くのご利益を生んでくれる諸尊は、「密教」の思想を背景としています。密教は現世利益を肯定する仏教であり、その点は東南アジアの上座部仏教などとはおよそ対極にあるといえます。密教では印を結び、真言を唱え、観想を凝らしてさまざまに呪術的な祈願法を行いますが、これは専門の密教僧や行者でなければ行うことの許されないものであります。

そこで庶民としては、密教の祈願法によらず、読経という手段をとるしかなかったわけで、そのようなことから和製経典が数多く作られていきました。

もっとも、読経という手段も、文字が読めないとできないことなので、平和に学問の出来る時代＝江戸時代になって成立した和製経典が圧倒的に多いのではないかと思います。

こうした和製経典の中には、単にご利益を羅列したものや、文章自体が荒唐無稽でよく理解できないものもあります。したがって、アカデミックな分野でほとんど取り上げられないのも、至極もっともではあります。そうした中でも『仏説聖不動経』は、短いながらも不動明王の性格を正確に伝える、秀逸な和製経典といえます。

――では、まずは『仏説聖不動経』の経文の、「真読」と「訓読」とを、見てみましょう。

【真読】

仏説聖不動経

爾時大会　有一明王　是大明王　有大威力
大悲徳故　現青黒色　大定徳故　坐金剛石
大智慧故　現大火炎　執大智剣　害貪瞋痴
持三昧索　縛難伏者　無相法身　虚空同体
無其住所　但住衆生　心相之中　衆生意想
各各不同　随衆生意　而作利益　所求円満
爾時大会　聞説是経　皆大歓喜　信受奉行

……〇……〇……〇……

【訓読】

仏説聖不動経

その時、大会に一りの明王います。この大明王は大威力あり。大悲の徳の故に青黒の形を現じ、大定の徳の故に金剛石に坐し、大智慧の故に大火炎を現じたもう。大智の剣を執って貪瞋痴を害し、三昧の索を持して難伏の者を縛し、無相の法身、虚空と同体なれば、その住所もなし。ただ、衆生の心想のうちに住したもう。衆生の意想かくかく不同なれば、衆生の意に随いて、しかも利益をなし、求むるところを円満す。その時に大会、この経を説きたもうを聞きて、皆大いに歓喜し、信受し奉行しき。

▼経文の解説

以下、経文の解説に入ります（※訓読の経文を見ていきます）。

仏説聖不動経

まずは経題からです。文字通り、仏（お釈迦さま）の説かれた不動明王のお経という意味です。およそ諸経はひとしく仏の所説であり、わざわざこれを冠するのはいかなることかと思う人もいると思いますが、おそらくはこの経の成立の往時は、神仏混交にて神社にも不動明王が存在し、その淵源が一体、神にあるのか、仏にあるのかというようなこともあったのでしょう。

現に私が一時住職をした地方寺院は、不動明王が本尊でしたが、その地域では多分に不動明王を神祇（神道の神さま）と思って柏手を打つなどする人も多く、私自身も住職とはよばれず「お不動さんの大夫さん」と呼ばれることが多かったです。太夫とは神官、陰陽師のことです。

そのようなことで、この経の「仏説」の意も、仏典であることを強調せんがためと思います。

その時、大会に一りの明王います。

その時とはこの経が説かれた時、大会とは説法の座をいいます。

つまり、お釈迦さまの説法の場に、不動明王がいらっしゃったということです。

この大明王は大威力あり。

不動明王はすべての明王の首座（リーダー）であり、最も上位の仏である大日如来の化身であるから、大明王と号するのです。

すなわち、五大明王の中尊にして諸明王の頭であり、大いなる威力の持ち主ということです。

大悲の徳の故に青黒の形を現じ、

諸仏は皆、衆生をあわれむ大悲をお持ちです。

青黒は密教では忿怒形の仏の身色であり、この明王が衆生の煩悩・悪業をあわれんで降伏する義を表しています。

大定の徳の故に金剛石に坐し、

大定とは坐禅三昧の力です。また、不動明王はその名のごとく、初発心者には揺るがぬ精進の心を現し、また已達（已に悟りに達した）の行者には揺るがぬ三昧力を現すものであり、この故に無動尊ともいうのです。

なお、沢庵禅師はその著書『不動智心妙録』において、不動明王の三昧は千手観音の三昧と同じであり、不動の心なればこそ一心にて千の御手の働きをなせるのだ、と説かれています。

大智慧の故に大火炎を現じたもう。

智慧はしばしば炎に譬えられます。もろもろの煩悩を焼くからです。

しかるに、おもしろいことに煩悩自体も、仏教では炎に譬えられてきました。涅槃のサンスクリット原語である「ニルヴァーナ」は、炎の消えた状態を意味するそうです。いうまでもなくその場合の炎は、煩悩の炎をいっています。

原始仏教の考え方では、人間の欲は、基本的にすべて煩悩です。それに対して密教は、欲というものを、単なる己の財、色、食、名、睡の五欲にとらわれる煩悩と、全体を生かそうとすることで己を生かそうと考える大欲とに、二分して考えます。したがって、単に煩悩を抑えるというのではなく、大欲の理想の前に自我の煩悩を飲み込んでしまおうという意がうかがえます。

私たち修験者はしばしば「火渡り」を行いますが、それを行うための秘法として、「火消三昧」

と「火生三昧」のふたつがあります。「火消三昧」は水天、八大龍王など水族の長を招請して水の三昧にて火を伏するのですが、「火生三昧」は不動明王の眷属である倶利伽羅龍王を招請し、聖なる火をもって煩悩の火を伏すると考えるのです。後者の考え方のほうが、より密教的であるといえるでしょう。

大智の剣を執って貪瞋痴を害し、

密教において、諸尊の働きを示す事物を「三昧耶形」といいますが、不動明王の場合、三昧耶行は「剣」です。

不動明王の剣は両刃であり、自他の貪瞋痴の煩悩を切るものです。すなわち、それを切るものは大いなる智慧です。その智慧とは何かというと「因果」の理であり、他者にすることはそのままおしなべて自己にすることと同じという智慧を、両刃の剣で表しています。

それゆえに「自利利他」といいますが、本来、自利利他は一如であって、この二つを別々に考えるのは、単なる「道徳」の境涯を出ません。そのような考えでは、自利は利他に反し、利他は自利を損ない、ゆえに善事は常に犠牲の名の下に行われる不健全なものとなります。仏教の境涯は、利他即自利・自利即利他であり、そのようではありません。仏教に犠牲は無用です。

三昧の索を持して難伏の者を縛し、

三昧の索とは、三昧はサンスクリット語の「サマーチ」で精神統一をいい、一種の変性意識状態です。例えばヨーガなどでは、三昧に入ると、呼吸も一時的に終息するといいますが、ここにいう三昧とは、必ずしもそういう脳科学的なものや生理的なものではなく、信仰によって心に迷いのない状態をいうと思っていいでしょう。

難伏の者とは、怨敵のことなどを思い浮かべる人も多いと思いますが、実は最も難伏なのは、自らの煩悩なのです。これなどは、単に頭で考えるだけではどうにもならない。そこで真言念誦などを行うわけですが、それも漫然と唱えていさえすれば煩悩がなくなるというわけではありません。どんなに優れた乗り物でも、目的地がわからなければ役に立たないのです。すなわち、煩悩を伏するという明確な目的がなければならないのです。

もっとも、不動明王の信者にしてみれば、難伏なのは煩悩というより、自分一個の全体像でしょう。なんとしても救ってもらいたいという前提に、自分こそは「難伏の者」であり、それを救ってくださるのが世にも稀有なる不動明王であるという自覚こそが、不動明王信仰の根底にあると思います。

不動明王は奴僕の相といって、召使いの姿であるといいます。最高位の仏である大日如来が、私たちのために殊更に奴僕の相を現してまで、その苦しみをとってくださるというのが、不動明王のありがたさであり、それは密教における仏の慈悲の最大表現といえるでしょう。

無相の法身、虚空と同体なれば、その住所もなし。

形のないことを無相といいます。形がないということは存在しないのではなく、あまりに大きい存在なので、形がわからないのです。宇宙の形がわからないのと同じです。しかも、虚空をもって体とするゆえに至らざるところなし、定まりたる住所もなしといいます。

ただ、衆生の心想のうちに住したもう。

このゆえに、随所をもって不動明王所住の場所とするのです。いいかえれば、不動明王を想う「今、ここ」が、不動明王の住所なのです。

私たちが不動明王を想う「今、ここ」に、不動明王はいらっしゃる。

これは不動明王だけに限らず、およそ諸尊は、わが心の城を住所とするものだと考えるべきです。ゆえに、ある密教の法流では、修法の最後に曼荼羅に発遣（迎えていた仏を本来の居場所に戻すこと）すべき本尊を、そうはしないで、自らに引き入れることによって終わるという深秘の作法もあるそうです。

すなわち、曼荼羅は外に非ず、わが心にある、ということでしょう。

このゆえに、密教や修験道で重んじられる「本覚讃」にも、「三十七尊住心城」とあります。すなわち、金剛界曼荼羅の主要な仏たちである三十七尊も、わが心の城に住んでいるのだ、という意味です。

衆生の意想かくかく不同なれば、衆生の意に随いて、しかも利益をなし、求むるところを円満す。

衆生の意想は深きもあり浅きもあり、良き心も悪しき心もあるが、その心に随って最も必要と思われるものを与えてくださるのが不動明王です。

したがって、「求むるところを円満す」とは、何事によらずただ与えるという意味ではないでしょう。それでは、よからぬ願いもそのままに実現することになり、そうであれば「円満する」とは呼べないからです。

不動明王といえば怨敵調伏の仏であると考え、ひたすら私怨ある人間に冥罰を下したまえなどと祈る人もいますが、それは不動明王に自らの意を押しつけようとするもので、信仰ではありません。すなわち、事の次第が最多数の利益になってこそ、円満するといえるのです。

こうしたことは、信仰の最初からわかるわけではありません。こうした諸尊信仰は、最初は皆、自分の願いしか眼中にないのです。ただ、願うところと違った結果に出会ったときに、自らの在り方を振り返り、考えて、前に進める人だけが、その堂奥に至るのです。それを仏縁ある人と呼ぶのです。

その時に大会、この経を説きたもうを聞きて、皆大いに歓喜し、信受し奉行しき。

皆このお経を聞いて、おおいに喜び、信仰して行った。

この手順が大事なのです。まず、「喜び」がなくてはなりません。「期待」といってもいいでしょう。それがあって信を起こし、人はそれを行うことができるのです。

辛気臭いお説教や哲学めいたことからは、信仰など始まらないと思います。

不動明王とその仲間たち

石川 知彦
龍谷ミュージアム副館長

▼空海請来か不動十九観か

観音菩薩の場合とは異なり、不動明王には「種類」と呼べるような大きな違いは存在しません。図像面での違いで言えば、一面二臂（顔は一つ、手が二本）像が大多数を占め、他に一面四臂像と四面四臂像が稀にあり、現存作例では山口・国分寺の十二天曼荼羅の中尊などが、一面四臂像に表されている程度です。持物にしても、わずかに金剛杵とする作例（三重・大宝院本など）がある程度で、やはり大多数の不動は、右手に宝剣・左手に羂索を執るのが通例です。

そうした中にあって、眼や口、頭髪などの表現の違いによって、「弘法大師請来様」や「不動十九観」に基づく像といった分類がされています。前者は空海が唐から請来したタイプで、両眼を見開いて上歯牙で下唇を噛み、頭頂に蓮華を載せ（頂蓮）、髪は総髪（直毛）としています。京都・東寺講堂や同西院に祀られる坐像（ともに国宝）がこれに相当します。

一方後者は、慈覚大師円仁の弟子、安然が九世紀末頃にまとめた不動を観想するための十九の特徴で、『大日経』に説かれる不動の姿を反映しています。頭頂に七莎髻（七つのまげ）を頂いて巻髪とし、左眼を細めて天と地を睨み（天地眼）、左右の牙で上下の唇を噛み分けています。後述する京都・青蓮院本青不動をはじめ、平安後期以降に制作された多数の不動明王像が、このタイプになります。

▼青と黄と赤の三兄弟

このほか図像による分類ではなく、絵画に描かれた不動の肉身の色による分類が一般に広く知られています。それが青不動、黄不動、赤不動の「日本三不動」（いずれも国宝）で、「不動三兄弟」とでも呼べる存在です。

まず青不動は、青蓮院に伝来した「不動明王二童子像」一幅です。これは「不動十九観」に基

不動明王像（赤不動、部分）
（室町時代、三重・大宝院蔵）

づく不動の現存最古の本格的な絵像で、制作は十一世紀後半に遡ります。青不動は背後にゆらめく迦楼羅焔を朱と丹で表し、青黒い肉身に華麗な彩色文様を施した着衣が浮き立つ平安仏画の名品です。

次に滋賀・園城寺に伝わった黄不動は、智証大師円珍が岩窟で修行中、眼前に現れた金色の不動を後に画工に描かせたと伝わります。上半身に条帛を着けず、裙（巻きスカート）を膝上までたくし上げて虚空に立ち、両眼を見開いた異様な相貌に筋骨隆々たる手足を表した逸品です。この迫力満点の等身の絵像は、三不動の中ではもっとも古く九世紀の作です。

また高野山明王院に伝わった赤不動（不動明王二童子像、一幅）も、円珍が感得したとされ、自らの血で描いたと伝承されています。肉身・着衣ともに赤色とした不動を描いた大幅で、鎌倉中期頃の作になります。不動は両眼を見開き、左右の牙を上下に噛み分け、額に付けた三環の頭飾をはじめ、大ぶりな装身具を着け、右足を踏みおろして岩座に坐る姿です。

このほか、江戸時代の作例ですが、眼の色による分類があります。「江戸五色不動」と称される五箇寺の不動尊で、目黒（瀧泉寺）、目白（金乗院）、目赤（南谷寺）、目青（教学院）、目黄（最勝寺）の五尊です。目黒や目白は区名や駅名にもなっており、身近な存在の不動尊と言えましょう。

▼五大明王と両頭愛染明王

両界曼荼羅において、不動明王は胎蔵曼荼羅中央の中台八葉院下方、持明院（五大院）の右端に描かれています。日本に現存する最古の不動明王像が、空海在世中に制作された両界曼荼羅（高雄曼荼羅、国宝、京都・神護寺蔵）に登場する姿で、「弘法大師請来様」の不動尊です。

持明院には他に降三世、大威徳、勝三世の三明王が描かれていますが、密教では五智如来・五菩薩に対応する五尊として五大明王が説かれました。

不動明王は、五大明王（五大尊）の中尊として降三世、軍荼利、大威徳、金剛夜叉の各明王と一具で表され、空海が創建した東寺講堂には、羯磨（立体）曼荼羅として造立されました。これ以降も五大明王の制作は引き継がれ、彫刻では京都・醍醐寺像や同大覚寺像、絵画では岐阜・来振寺本や東寺本（ともに国宝、五幅）といった幾多の名品が現存しています。このうち来振寺本は、「智証大師請来様」の図像を有し、金剛夜叉明王に代えて烏芻沙摩明王を含む五大明王を描いています。

このほか不動明王を含む明王のグループとして、八大明王が説かれましたが、日本では図像以外に流布しませんでした。

不動は愛染明王と合体して、両頭愛染明王として表されることがありました。両頭愛染は二面六臂に表され、鎌倉期の高野山・金剛峯寺本など両頭愛染曼荼羅の遺品が散見されます。

また不動・愛染の両明王は、西大寺の叡尊が創始した修法で宝珠（如意輪観音）の左右に祀られ（広島・浄土寺三幅本など）、以後は舎利厨子の左右の扉に描かれる作例が多く見受けられます。

▼頼もしき家来たち

不動明王の左右に侍る家来（脇侍）として矜羯羅と制吒迦の両童子が説かれ、不動明王の三尊像を形成しています。

肉身白色の矜羯羅童子は、不動の慈悲の化現として性格は恭敬小心、あどけない童形に表され、合掌して指の間に独鈷杵を挟みます。肉身朱色の制吒迦童子は、悪性者として憎々しい童形に表され、五髻を結って金剛杵と金剛棒を持ちます。

この二童子はインドで成立した『不動使者法』に説かれますが、中国で成立した『無動尊八大童子秘要法品』では八大童子が説かれ、二童子の他、慧光（または蓮華）、慧喜、阿耨達、持徳、烏倶婆伽、清浄比丘の八童子が不動とともに表されます。後には三十六童子も説かれ、岡山・宝光寺本や龍谷ミュージアム本不動明王三十六童子像が伝わっています。

また慧光（または蓮華）を加えた三童子を不動とともに描いた福井・万徳寺本や、三童子に慧喜あるいは蓮華童子を加えた四童子がともに描かれる兵庫・太山寺本などがあります。八大童子像としては運慶が造立した高野山金剛峯寺像（国宝）や、不動明王八大童子像として奈良国立博物館本が挙げられます。

一方、不動の変化身または眷属（部下）として、倶利伽羅龍を忘れることはできません。不動の象徴たる剣に火焔を背にして巻き付く龍王の姿に表され、奈良博本倶利伽羅龍剣二童子像では、不動明王の代わりに倶利伽羅龍剣が描かれています。なお前述した青蓮院の青不動、高野山明王院の赤不動は、いずれも倶利伽羅龍剣を持物としています。

不動明王三十六童子像（南北朝時代、龍谷ミュージアム蔵）

不動明王の名刹と霊場

白木利幸
巡礼研究家

▼成田山新勝寺 ——霊験あらたかな成田不動——

【住所＝千葉県成田市成田一】

嵯峨天皇の勅によって、弘法大師空海が不動明王像を造立。京都の高雄神護寺に安置されました。

その約百年後、平将門の乱によって、関東は大いに乱れました。朱雀天皇から関東平定の密勅を受けた寛朝僧正は、神護寺の不動尊を護持して関東に下り、朝敵降伏のための護摩を修しました。満願の日、将門は流れ矢に当たって討死し、反乱は治まりました。都に戻ろうとしましたが、不動尊は盤石のように動きません。そのことから、ここが有縁の地だと感じ、成田山新勝寺が建立されました。

江戸時代に入って、深川にて出開帳（本尊の分身が出向いて開帳される）が行われました。これを契機として成田山講社が組織され、成田詣では江戸庶民の楽しみとして定着。さらに、別院や教会などが全国各地に建立されて、成田不動は日本随一の不動霊場として信仰されています。

広大な境内には、重要文化財に指定された仁王門や三重塔などが立ち並びます。また、江戸時代から昭和四十三年（一九六八）建立の大本堂まで、四代の本堂が現存しており、その変遷を知ることができます。

▼無動寺――回峰行者が拝する不動明王――

【住所＝滋賀県大津市坂本本町四二二〇】

天台宗の総本山「比叡山」は、東塔、西塔、横川の三塔と十六谷で構成されています。そのなかで、最も南に位置しているのが、東塔の無動寺谷（叡南）です。

無動寺の明王堂。回峰行者が拝している。

貞観七年（八六五）相応和尚が、無動寺谷を開きました。相応は不動明王と自らの身体が一つになるため、回峰行という修行法を成立させました。

七年間で千日の行法を修するもので、千日回峰行と呼ばれています。一日三十キロ比叡山内を歩いて神仏を拝することを基本とし、総距離は地球一周分にあたります。その過程で、九日間の断食断水断眠の荒行があり、道場となるのが無動寺明王堂です。

東塔から約三十分、坂道を下っていきます。明王堂の眼下には、大津市から琵琶湖が一望できます。

お堂の前方には、腰の高さに一本の木が設置されていますが、回峰行者が明王堂を拝するためのものです。護摩の煤で真っ黒の堂内は、神秘的な雰囲気が漂います。鎌倉時代の五大明王像（いずれも重文）を本尊としていますが、本体は東塔の国宝殿に遷されており、いつでも拝観できます。

▼東寺——不動明王信仰始まりの地——

【住所＝京都市南区九条町一】

桓武天皇が平安京に遷都した際、鎮護国家の官寺として、羅城門の東西に東寺と西寺を創建しました。金堂のみ完成していた弘仁十四年（八二三）、東寺は嵯峨天皇から弘法大師空海に下賜されました。空海はただちに五重塔と講堂の建設に着手。真言密教の根本道場となりました。多くの堂塔は室町時代以降の再建ですが、北西の一画に鎌倉時代の御影堂（大師堂）があり、国宝に指定されています。京都市民に信仰されて、毎月二十一日には境内一円に「弘法さん」の市が立ちます。

講堂のなかには、二十一体の仏像群が並んでおり、空海が計画した真言密教の立体曼荼羅となっています。中央には大日如来を中心とした五智如来、向かって右には金剛波羅蜜多を中心とする五大菩薩、左には不動明王を中心とする五大明王。四隅には四方を守護する四天王、左右の端には上下を守護する梵天と帝釈天を配します。五智如来と金剛波羅蜜多を除いて、空海時代の作例です。特に五大明王は、日本人が初めて目にした異形の忿怒像です。ここから日本の不動明王信仰が始まりました。

▼岩屋寺（いわやじ）——仙人（せんにん）ゆかりの岩のお寺——

【住所＝愛媛県上浮穴郡久万高原町七鳥一四六八】

お寺を含めた一帯は古岩屋（ふるいわや）と呼ばれ、岩峰（いわみね）が林立（りんりつ）する奇勝（きしょう）が展開。まさに岩屋寺です。

この山には、神通力（じんづうりき）を持った法華（ほっけ）仙人という女性が住んでいました。弘仁六年（八一五）弘法大師が霊地を求めてくると、仙人は大師に全山を寄進して、岩のなかに入定（にゅうじょう）しました。大師は木と石で二体の不動明王像を彫刻。木像を本堂に安置し、石像は岩場に封じて山全体を本尊として、四国八十八ヶ所第四十五番霊場に定めました。

山門（さんもん）を経て、山道を登ります。岩にへばり付いた本坊（ほんぼう）、真っ暗な岩穴「穴禅定（あなぜんじょう）」、本堂、大師堂など、すべてが岩壁に抱かれています。本堂の横手にハシゴが架（か）けられていて、法華仙人が入定した仙人堂跡（あと）に上がることができます。

お寺で鍵を借りて、伝説のくわず栗が落ちている山道を、さらに登っていきます。木造の扉を鍵で開けると、狭い岩の間を通る「逼割禅定（せりわりぜんじょう）」、鎖（くさり）やハシゴで岩を登る「鎖禅定」があり、奥の院「白山行場（はくさんぎょうば）」へ。眺望がすばらしく、条件が合うと雲海（うんかい）が広がります。岩屋寺は深い山中にあるにもかかわらず、山号（さんごう）を「海岸山（かいがんざん）」とするのは、この風景に由来します。

▼普光寺（ふこうじ）――大迫力の巨大磨崖仏（まがいぶつ）――

【住所＝大分県豊後大野市朝地町上尾塚一二二五】

豊後国（ぶんごのくに）（大分県中南部）は、日本有数の石仏（せきぶつ）の宝庫です。特に大野川（おおのがわ）流域には、百済僧（くだらそう）の日羅（にちら）造立と伝わる巨大石仏が点在しています。

竹田に近い豊後国の西端（せいたん）に、日羅が創建したとされる普光寺があります。坂道を下っていくと、彫刻がすばらしい楼門（ろうもん）と、大日如来を本尊とする本堂に至ります。

こぢんまりとした境内から、アジサイが咲く谷をへだてて、壮大（そうだい）な風景が広がります。左に不動明王及び二童子（にどうじ）の巨大磨崖仏、中央と右に窟龕（くつがん）が掘り込まれています。

不動明王坐像は約九メートル、左右の矜羯羅（こんがら）童子と制吒迦（せいたか）童子とともに、扁平（へんぺい）な半肉彫りとなっています。半肉彫りの磨崖仏としては日本最大です。かなり簡略な彫刻であり、鎌倉時代の作と推定されます。

中央の巨大な窟龕に上がる石段も、岩を直接刻んでいます。手前の岩壁に平安後期作の不動明王及び二童子と阿弥陀（あみだ）如来の磨崖仏、正面を段々として奥に龕を刻みます。日本には類例の少ない、本格的な石窟（せっくつ）寺院です。

左の窟龕のなかに、護摩堂が建てられています。お堂横の岩壁には、巨大不動と同じ時代と様式の多聞天の磨崖仏があります。

▼江戸五色不動――密教思想を表す東京の不動霊場――

《目黒不動　瀧泉寺》【住所＝目黒区下目黒三―二〇―二六】
《目青不動　教学院》【住所＝世田谷区太子堂四―一五―一】
《目赤不動　南谷寺》【住所＝文京区本駒込一―二〇―二〇】
《目黄不動　永久寺》【住所＝台東区三ノ輪二―一四―五】
《目黄不動　最勝寺》【住所＝江戸川区平井一―二五―三二】
《目白不動　金乗院》【住所＝豊島区高田二―一二―三九】

世情が安定し始めた三代将軍徳川家光のころ、天海大僧正の進言によって、江戸府中に五色不動が定められました。東西南北と中央の五方角、または世界を構成する地水火風空の五大を、密教において重要な五色で表したものです。不動明王の目に色があるわけで

目黒不動

はありません。

時代によって、目黄不動が二か所となり、移転や合併したお寺もあります。また、目黒不動と目白不動は、地名の由来になっています。

平安時代から江戸時代までに創建されたお寺であり、それぞれ変遷は異なりますが、いずれも江戸庶民から篤く信仰されてきた不動尊です。

▼近畿三十六不動尊霊場 ——煩悩を消除し幸福を招く——

第一番四天王寺（大阪）から第三十六番高野山南院（和歌山）まで、近畿地方一円に点在しています。不動明王の眷属である三十六童子が、札所数の由来です。巡礼することによって、人間がもつ三十六の煩悩を消除させ、幸福を招くとされています。

昭和五十四年（一九七九）の開創で、不動巡礼の先駆けとなりました。この後、北海道、東北、関東、北関東、北陸、東海、四国、九州などに、三十六不動霊場が開創されていきます。

真言宗や天台宗の本山など、有名寺院が含まれています。国宝、重文に指定された文化財も数多く伝えられており、それらを拝観しながら巡礼を楽しむことができます。

《エッセイ》

私とお不動さま①

悟東（ごとう）あすか
漫画家
高野山真言宗尼僧

私を厳しく導いて下さる存在

そもそも私は高尚な思いで出家した訳ではありませんでした。二つの欲が私の出家得度の理由です。自分自身の苦しみを抜きたいという思いと、もう一つは偶然にも出会った仏教の特に密教の奥深さと魅力をもっともっと知りたいし体験したいという強い思いです。

私は幼い頃から変なものをよく見る夢見がちな子供でした。妖怪のような存在と遊んだりしていましたが、それは子供独特の空想と現実をごっちゃにした感覚だったのかもしれません。しかし、思春期になると亡くなった方々が生活の中に介入して来る頻度が増えて、とても辛さを感じるようになっていました。親しかった親戚が亡くなる前に訪れるなどはよくありましたが、困ったのは道を歩く時に普通は見えない変な存在に手や足を引かれたり、それらが急に体に乗って来て体調を崩すなど、もしかしたら単に思春期特有の精神状態のアンバランスから生じたことだったのかもしれませんが、当時の私にとっては日常の中の現実だったので生活して行くことに支障を来していました。

両親共にガチガチの唯物論者だったので、親に相談もできず、また、その親も離婚問題でかなり揉めていましたし、現実の生活は客観的に見たら貧乏、暴力、育児放棄されて、と結構悲惨なものだったと思います。私はそんな生きにくさを抱えていました。

何となく生まれて来る前のことも憶（おぼ）えていた（と自分では思っていた）ので物心がつく幼い頃から、またこの世に生まれて来たことに対して理不尽さを感じてもいました。生まれて来る前の記憶と私が思っていたものはとても良いものでしたから。それは、ただ在るというか、具体的に決まった形などは無く、すべての人や存在と繋がっていて、すべてが解っていて、ただ満足と安心の中に浸っていたように記憶しています。そう、今は記憶という超断片的な言葉でしか表すことができません。ですので幼稚園の頃には何とかこの面倒くさい人生を楽に回避できないものかと真剣に考えていました。

でも、少し成長して興味を引かれる物事ができると、それに突っ走ることで生き甲斐を感じるようになり、そのことで、この人生を受け入れることができるようになりました。漫画を描くのも興味から突っ走ったことのひとつです。

こんな感じのちょっと発達障害的な子供でしたが、それがそのまま大人になってしまい、大学受験も興味のあった天文学を学べる大学のみを受けて落っこちて浪人していました。受験ツアーで京都のホテルに泊まったとき部屋の引き出しから『佛教聖典』を見つけて読み、初めて仏教の考えに触れました。

大学は落ちてしまいますがその後も仏教が忘れ難く、図書館で仏教書を読みあさり、真言密教に深く傾倒して行きました。私の生き辛さの解決もその中にあると思いましたし、何よりも私が本当に求めているのは自分の外側の天文学ではなく、自分の中の内宇宙の探求であったと確信しました。在家でしたので、地味に学び始めましたが、約二十年間の歳月の経過のうちに辛く感じていた霊感のようなものは無くなり、気がつくと私は真言宗の尼僧になっていました。

そして真言僧として一人前と認められる伝法灌頂が終ってから、あるお寺のお不動さまにお

参りした時に、

「自分はこれからどう歩むのかは解らないけど、可能であれば自分が大好きな漫画を使って、とても魅力的な密教を世の中に伝えて行きたいと思います。お守り下さい。」

と思わず知らず祈ってしまっていたのです。するとお堂の中から一陣の風が吹いて来て私の周りをクルッと回りました。お不動さまのメッセージを感じ、その後私はマンションの一室の手作りの密壇の本尊さまにお不動さまを迎えて祈り始めました。毎日拝んでいると日々薄皮が剥がれるように自分の中の生き辛さが剥がれて行きます。

そして祈っている間にお不動さまはよくメッセージを下さいま

筆者画・不動明王。
筆者にとってお不動さまは、厳しく導いて下さる「雷オヤジ」のような存在です。

す。本当にささいな日常の中にも心を磨く要素が豊かにあることを教えてくれます。たとえば、ちょっとした日常の愚痴からどのような事が起こりうるかとか、どんなに嫌な状況も可能な限り受け入れて出来うる範囲でものごとをこなせば輝くような事が起こって人生を導いてくれるとかを、日々の生活の中で例にとって教えてくれます。そして時には私の言動に対して大変厳しく叱られることもありますが、それはまるで超偉大なる父が家族として来て下さったような感じに私は思っていたりします。

真言密教の祈りは、祈れば祈るほど仏さまが身近になって来るように思います。その中には筆舌には尽くし難い懐かしさと安心感と緊張感があります。

お不動さまはちっぽけな私の我(が)をしっかりと捕まえて、笑って鑑賞しながらいろいろと教えて下さるような感じです。それは批難(ひなん)ではなく慈愛に満ちた教えです。以前仕事で関わった方にとても意地悪をされたり嫌がらせをされたように私は感じて、夜も眠れぬほど憤慨したことがありました。その時、お不動さまはなぜ、そんなに憤慨するのかを自分の心を見つめなさいとおっしゃいました。私は相手の非をお不動さまに認めてほしいという思いもあったので、「なんで?」と思いましたが、しばらく修法(しゅほう)ごとに自分の心の中のその原因を探りました。そして自分の中に私に意地悪をする人と同じような部分を見つけました。本当に今まで何で気がつかなかったのかと思うほど似ていました。心底ゾッとした瞬間でした。

それからは、自分のその部分をお不動さまの炎で焼き尽して頂くことを続けました。それと同時にどんどん心が軽くなって行きました。お不動さまは、

「ほらな、お前に意地悪をしていたのは、実は自分自身だったんやで、お前は鏡を見ていたんや。そやから恨んで仕返しなどとんでもないことを考えたらアカンで！　そないなことしたらそれも自分に返ってくるで。鏡なんやゆうことを忘れたらアカンで！」（お不動さまのメッセージは私の中では関西弁に感じられるのです）

とおっしゃいました。実際、自分の中のその部分を修法でお不動さまに日々焼き尽して頂いてからは、すっかり意地悪をされたことも気にならなくなっていました。本当にお不動さまを祈るということは素晴らしいことだと実感しました。

お不動さまは、まだまだ至らぬ私をしっかりと導いて下さる熱く燃える慈愛に満ちた厳しい雷オヤジのような存在です。今後もお不動さまと共にしっかりと生きて密教の素晴らしさを多くの方々にお伝えできたら幸せです。

《エッセイ》私とお不動さま②

井村廣巳（いむらひろみ）
「門前　開運そば」

高幡（たかはた）のお不動さま　六十年の思い出

高幡のお不動さま（東京都日野市）は、今も昔も変わりなく、浅川に沿った多摩丘陵に大きく構えていらっしゃいます。

私にとってのお不動さまの原風景は、昭和三十年代のものです。その頃はまだまだのんびりしていて子供たちは男の子と女の子のグループに分かれて境内で遊んでいました。男の子は「ぱんす」「くぎぬき」「たからとり」「Sけん」など、二人のリーダーがじゃんけんでドラフトしてチームを作るので誰でも参加して遊ぶことが出来ました。暗くなるまで遊び「カラスが啼くから帰ろ！」と言いながら解散しました。女の子はよく覚えていませんが「ゴムとび」「おはじき」などをしていたと思います。浅川もまだ泳ぐことが出来て夏には家族で遊びに行き、そこには「アイスキャンディー屋」などの出店も来て、とても賑やかでした。

高幡不動尊金剛寺

高幡不動境内、弁天池の前に街頭テレビが設置されており、暗くなると近所の人たちが三々五々集まりテレビを楽しんでいました。ただ時の経過とともに、だんだんと人が集まらなくなり、そして街頭テレビは映らなくなりモニュメントになり、そして、いつの間にか無くなりました。

いつの頃か、境内では遊んではいけないという決まりになったらしく、遊んでいると先々代の秋山祐雅ご貫主が「コラー」と怒ります。その時は皆一斉に逃げましたが、また遊びに行き、また怒られるという繰り返しでした。

夏休みには、若いお坊さんが近くの子供たちを集めて薄暗いお堂の中で怪談噺(ばなし)を語りました。怪談話の最後は、お決まりの脅かしで、子供たちは恐れおののいて靴も履かずに逃げ帰ってしまいます。残った靴をお坊さんが返しに回っていました。

昭和四十年代になると、境内に子供たちの姿を見掛けなくなり、一方で建物は次々と整備され、奥の事務所が信徒会館になり、昭和五十五年五月五日には五重塔が落慶し、大日堂もそのお姿は一新され、もはやそこに居るのは近所の子供たちではなく参詣参拝の大人となりました。

平成元年九月二十三日に、秋山ご貫主がお亡くなりになり、先代の川澄祐勝師がご貫主になられました。

川澄ご貫主は毎朝お一人で境内のお掃除をされていましたが、いつの間にか他のお坊さんをはじめ、この頃多くなった職員の皆さんも朝は総出でお掃除するようになったようです。

自然豊かな高幡不動尊、春は山茱萸(さんしゅゆ)から始まり梅、木蓮、桜、躑躅(つつじ)と続き、五月には山全体が新緑美しい季節になります。六月は紫陽花(あじさい)が咲き誇り、お山をはじめ境内至る所に何種類も見ることができます。川澄ご貫主の「お寺は永遠のテーマパークだ」のお言葉のように、多くの方が

高幡不動尊の新丈六不動三尊像

憩いを求めて参拝されています。これら山内の整備充実は先代川澄ご貫主のライフワークともいえるお仕事でした。川澄ご貫主の時に落成した新しい宝物殿には、ご本尊不動明王三尊が修復、安置され、本堂には新しい不動明王三尊が睨みを利かせていらっしゃいます。平成二十九年十月十日に川澄ご貫主は旅立たれました。その際お顔を拝見させて頂きましたが、一つ一つ積み重ねた実績に満足されているような、それでいて「もう少し曼珠沙華をやりたかったなアー」そんな風に語られているように、勝手に感じながらお別れをさせて頂きました。

先々代秋山ご貫主の時代は戦後の物の無い時代でしたので、お坊さんの数は大変少なかったと思います。そしてお坊さんの入れ替わりもなく、何年たっても変わらぬ顔ぶれのなか、常に最若手として修行されていたのが現在の杉田純一ご貫主でした。

秋山貫主と川澄執事はハードの発展にご尽力され、川澄貫主と杉田執事とはソフト面で充実した高幡不動の実現にご尽力されました。今では大型バスが日に何台も入り多くの参拝者の訪れる名刹となりました。歴代ご貫主のご努力の賜物と存じます。

これからのお不動さまを思うとき、杉田ご前様にお願いがあります。子供たちに昔のような居場所を造って頂けないでしょうか。常に弱い者に寄り添いながら、ご修行を積まれた杉田ご前様ならではの事業でもあると思います。

子供たちが若いお坊さんに遊びを教えて頂いたり、お話を聞かせて頂いたり、子供たちの声の響く境内は、これからの日本の社会に安心と希望を与える光景になるのではないでしょうか。

以上六十年間、外から見えたお不動さまを勝手に書いてしまいました。ひらにご容赦下さい。

【本書執筆者一覧（五十音順）】

網代（あじろ） 裕康（ゆうこう）	大本山室生寺教務執事
飯塚（いいづか） 大幸（だいこう）	一畑薬師管長
石川（いしかわ） 知彦（ともひこ）	龍谷大学 龍谷ミュージアム副館長
井村（いむら） 廣巳（ひろみ）	「門前　開運そば」
加須屋（かすや） 誠（まこと）	元奈良女子大学教授
加藤（かとう） 精純（せいじゅん）	大正大学仏教学部専任講師／南蔵院副住職
加藤（かとう） 大覺（たいかく）	法相宗大本山薬師寺録事
葛野（かどの） 洋明（ひろあき）	龍谷大学大学院特任教授
金嶽（かねたけ） 宗信（そうしん）	臨済宗香林院住職
神居（かみい） 文彰（もんしょう）	平等院住職／美術院監事
北尾（きたお） 隆心（りゅうしん）	種智院大学教授
倉松（くらまつ） 俊弘（しゅんこう）	鹿沼市・真言宗智山派薬王寺住職／小児科医
悟東（ごとう）あすか	漫画家／高野山真言宗尼僧
小松（こまつ） 庸祐（ようゆう）	大阪・法樂寺上院
塩入（しおいり） 亮乗（りょうじょう）	大正大学非常勤講師／浅草寺法善院住職
下泉（しもいずみ） 全暁（ぜんぎょう）	徳島・最明寺住職
白木（しらき） 利幸（としゆき）	巡礼研究家
曽根（そね） 宣雄（のぶお）	大正大学教授
武田（たけだ） 晋（すすむ）	龍谷大学特任教授
武田未来雄（たけだみきお）	真宗大谷派教学研究所所員
露の（つゆ） 団姫（まるこ）	落語家／天台宗僧侶
寺島（てらしま） 典人（のりひと）	大津市歴史博物館学芸員
長沢（ながさわ） 利明（としあき）	法政大学講師
名取（なとり） 芳彦（ほうげん）	真言宗豊山派密蔵院住職
西尾（にしお） 正仁（まさひと）	兵庫教育大学非常勤講師／御影史学研究会理事
西木（にしき） 政統（まさのり）	東京国立博物館研究員
羽田（はねだ） 守快（しゅかい）	総本山園城寺学問所員／鎌倉・金翅鳥院住職
松久（まつひさ） 佳遊（かゆう）	仏師／仏絵師／松久宗琳佛所所長
山田（やまだ） 俊和（しゅんわ）	天台宗東北大本山関山中尊寺貫首

〈初出誌〉

本書は、月刊『大法輪』(大法輪閣刊)の下記特集に掲載された原稿をもとにして、執筆者が新たに加筆・改訂し、再編集したものです。

・2018年8月号 特集「観音菩薩と不動明王 ——早わかりガイド」
・2019年3月号 特集「阿弥陀如来と薬師如来 ——早わかりガイド」

《人気の仏様たち 徹底ガイド》阿弥陀・薬師・観音・不動

2019年9月15日 初版第1刷発行

編　者	大法輪閣編集部
発行人	石原大道
印　刷	亜細亜印刷株式会社
製　本	東京美術紙工
発行所	有限会社 大法輪閣
	〒150-0011 東京都渋谷区東2-5-36 大泉ビル2F
	TEL (03) 5466-1401 (代表)
	振替 00160-9-487196番
	http://www.daihorin-kaku.com

ISBN978-4-8046-1417-5 C0015